Elke Burkhardt Montanari

Wie Kinder mehrsprachig aufwachsen

Ein Ratgeber

Herausgegeben vom Verband binationaler Familien und Partnerschaften, iaf e.V.

Vorwort von Ingrid Haller

Brandes & Apsel

Sie finden unser Gesamtverzeichnis mit aktuellen Informationen im Internet
unter: *www.brandes-apsel-verlag.de*
Wenn Sie unser Gesamtverzeichnis in gedruckter Form wünschen,
senden Sie uns eine E-Mail an: *info@brandes-apsel-verlag.de*
oder eine Postkarte an:
Brandes & Apsel Verlag, Scheidswaldstr. 22, 60385 Frankfurt a. M., Germany

Die Deutsche Bibliothek – CIP-Einheitsaufnahme

Burkhardt Montanari, Elke:
Wie Kinder mehrsprachig aufwachsen: Ein Ratgeber /
Elke Burkhardt Montanari/Hrsg. vom Verband
Binationaler Familien und Partnerschaften, iaf e. V.
Vorw. von Ingrid Haller.
- 1. Aufl. - Frankfurt a. M.: Brandes und Apsel, 2000
ISBN 3-86099-194-9

5. Auflage 2007

1. Auflage 2000

Lektorat: Veronika Kabis-Alamba, Saarbrücken
DTP: Antje Tauchmann, Frankfurt a. M.
Umschlaggestaltung: Angelika Fritsch, Frankfurt a. M.
unter Verwendung von Fotos von Bärbel Högner, Offenbach und der iaf e. V.
Bonn
Druck: Tiskarna Ljubljana d.d., Ljubljana, Printed in Slovenia.
Gedruckt auf säurefreiem, alterungsbeständigem und chlorfrei gebleichtem
Papier.

ISBN 3-86099-194-9

Inhalt

Anhang

Ingrid Haller

Mehrsprachigkeit – eine bildungspolitische Herausforderung

Ein Vorwort

Mit diesem Ratgeber wird eine fundierte Handreichung für Eltern nichtdeutscher Familiensprache und zweisprachiger Alltagskommunikation vorgelegt, die die notwendige Aufklärung und Anleitung für den Umgang mit zwei oder mehr Sprachen im Entwicklungsprozess der Kinder zum Ziel hat.

Deutsche Institutionen, wie Kindertagesstätten und Schulen, haben seit Jahrzehnten viele dieser Eltern schlecht beraten, indem ErzieherInnen und LehrerInnen in der Mehrsprachigkeit der Kinder häufig eine »Belastung« sahen und Eltern nahe legten, auch in den Familien Deutsch zu sprechen.

Die bildungspolitische Entscheidung für Muttersprachen-Unterricht trug ebenfalls dazu bei, Eltern und Kindern – aber auch den LehrerkollegInnen – zu signalisieren, dass die Muttersprache nichts mit dem »normalen« Lernprozess der Kinder zu tun hat. Einschränkend kommt hinzu, dass muttersprachlicher Unterricht sich in den meisten Schulen auf Sprachen allein der Herkunftsländer der ehemals angeworbenen »Gastarbeiter« bezieht und schlecht ausgestattet am Rande des Schulalltags (oft Nachmittagsunterricht) angesiedelt ist. Abmeldungen sind dementsprechend möglich. Die Teilnahme am Muttersprachen-Unterricht entspricht damit eher einem »Bekenntnis«, etwa so wie die Teilnahme am Religionsunterricht. Das Dilemma liegt auf der Hand: Kinder aus binationalen Familien wurden häufig nicht in ihrer zweiten Sprache gefördert, aber auch als »deutsche« Schüler waren sie nicht die Bezugsgruppe der inhaltlichen Planung.

Sprache ist nichts äußerliches, wie ein Kleid, das man anziehen kann oder nicht. Für zwei- und mehrsprachig aufwachsende Kinder bedeuten die Sprachen unterschiedliche Traditionen und Deutungszusammenhänge für ihr Leben. Diese Werthorizonte prägen die Entwicklung der Kinder, sind Teil ihrer Identitätsarbeit. Die Sprachen sind Mittel des Zugangs zu den Bezugsgruppen der Familie, Grundlage der Zugehörigkeit und der Akzeptanz.

Die bis heute zu konstatierende Bildungsbenachteiligung, der unterdurchschnittliche Erfolg vieler Kinder aus Migrantenfamilien hat viel zu tun mit mangelndem Selbstwertgefühl. Das Gefühl, selbst nicht so viel wert zu sein wie die deutschen MitschülerInnen prägt die Schulgeschichte vieler mehrsprachig aufwachsenden Kinder und beeinträchtigt ihre Lernfähigkeit. Forschungsergebnisse, wie sie in diesem Band verarbeitet wurden, und die Notwendigkeit der gleichzeitigen Förderung der Sprachen der Kinder betonen, sind in den pädagogischen Konzepten der Schulen nur ausnahmsweise berücksichtigt worden.

Vor diesem Hintergrund ist diese Veröffentlichung zum jetzigen Zeitpunkt auch eine Chance, dass zwei- und mehrsprachige Familien in Zukunft offensiver für ihre Interessen an der Entwicklung der Sprachkompetenzen ihrer Kinder eintreten könnten. Volle Zwei- oder Mehrsprachigkeit ist das Zukunftskapital für einen europäischen Arbeitsmarkt in globaler Vernetzung.

Das Jahr 2001 wird in Europa das *Jahr der Sprache* sein: Drei »europäische« Sprachen, mündlich und schriftlich beherrschen zu können, ist die erklärte Zielsetzung für alle Schüler und Schülerinnen in Europa, das im nächsten Jahrzehnt auch Osteuropa und die Türkei umfassen soll.

Erste Anfänge einer intensiven Förderung von Zweisprachigkeit gibt es mit Versuchen, an Grundschulen vom ersten Schultag an in zwei Sprachen zu lernen – »bilingualer Unterricht«. Zudem ist die »Fremd«-Sprachenpolitik in Bewegung gekommen. Eltern sollten ihre Interessen vertreten, Forderungen an Bildungspolitiker, aber auch an die Schulen und Kindertagesstätten ihrer Kinder stellen. Es ist sehr zu wünschen, dass dieser Ratgeber dazu beiträgt.

Cornelia Spohn

In mehr als einer Sprache kommunizieren – den eigenen Horizont erweitern
Zum Geleit

Haben Sie auch schon mal, durchaus neidvoll, im Auslandsurlaub Ihre Kinder beobachtet, wie sie unbefangen und neugierig mit einheimischen Kindern spielten? Wo wir Erwachsenen uns quälen: wie *sage* ich das denn bloß?, finden die Kinder über das Spiel eine gemeinsame „Sprache", in der ganz nebenbei auch viele Wörter gelernt werden und mit ihnen eine fremde Gedankenwelt und ein ganz neues Lebensgefühl.

Kinder aus binationalen Familien erleben solche Situationen schon sehr früh; für sie sind „Auslandsurlaube" Besuche bei den Großeltern, den Tanten, Onkeln, Cousinen, Cousins. Auch wenn sie nicht zweisprachig aufwachsen, erfahren sie die Kommunikation in einer fremden Sprache als Normalität und finden vielfältige Wege, sich darin zu verständigen. Bei der Beobachtung von Kindern in solchen Situationen gibt es für Erwachsene eine Menge zu lernen: nicht das *Verstehen* ist wichtig, sondern die *Verständigung*; nicht das *Wissen* von Wörtern und Begriffen ist entscheidend, sondern ihre *Funktion* für den Aufbau der Beziehung; nicht das *Lernen* ist das Ziel, sondern die *Kommunikation* über das, was zu gestalten ist.

Diese Erfahrungen aus den Alltagssituationen binationaler Familien sind die Leitgedanken für den vorliegenden Ratgeber. Wir wissen, dass sich fremde Sprachen nicht im Vokabellernen erschließen; sie transportieren die inneren Bilder, verdeutlichen Denk- und Verhaltensmuster, bündeln kulturelle Traditionen. Insofern ermöglicht eine fremde Sprache nicht nur die Kommunikationsfähigkeit mit anderen, sondern sie erweitert den eigenen Horizont, schafft Raum für Phantasie und Kreativität und hilft, die Begrenztheit der eigenkulturellen Perspektive zu erkennen.

In dem vorliegenden Buch sind die Erfahrungen von zumindest zwei Generationen mehrsprachiger Familien gesammelt. Eltern berichten von ihren Bemühungen, mehrsprachig zu erziehen – Kinder und junge Erwachsene spiegeln das Ergebnis. Die Kommunikation in mehr als einer Sprache hat so viele Facetten wie AkteurInnen am Werk sind: in deutsch-ausländischen Familien ist in Deutschland die Umgebungssprache auch Teil der Familiensprache, in Migrantenfamilien wird Deutsch häufig nur im öffentlichen Bereich gesprochen, in Familien der zweiten Einwanderergeneration sind oft die Eltern bereits zweisprachig. Elke Burkhardt Montanari hat die Kenntnisse und Erfahrungen nicht nur der Mitglieder unseres Verbandes zusammen getragen, sondern auch die wissenschaftliche Literatur zu diesem Thema gesichtet und eine Handreichung geschrieben, die sich an den Fragen des alltäglichen Umgangs mit mehrsprachiger Erziehung orientiert. Entsprechend der Mitgliederstruktur unseres Verbandes sind schwerpunktmäßig die Erfahrungen deutsch-ausländischer binationaler Familien aufgeführt, doch hoffen wir, dass auch viele Einwandererfamilien von diesem Ratgeber profitieren können.

Dank

Herzlichst danken wir den Kindern, Jugendlichen, Eltern und ErzieherInnen, die über ihre eigenen Erfahrungen berichteten. Die Kolleginnen der iaf und Marina Zvetina, Vorsitzende der Interessengemeinschaft mehrsprachiger Familien, haben mit großem Einsatz geholfen, den Kontakt zu den Eltern herzustellen. Die Kinderpsychologin Nicola Küpelikilinç und die Logopädin Beate Rudolph haben viele wertvolle Informationen und Anmerkungen gegeben. Frau Grisko-Kelley von der IDA (Interessengemeinschaft Deutschsprachiger im Ausland) danken wir für ihre erfrischenden Kommentare. Für fachliche Anregungen danken wir Frau Anja Möhring und Herrn Prof. Dr. Meisel vom Sonderforschungsbereich »Mehrsprachigkeit« der Universität Hamburg. Eine große Hilfe bei der redaktionellen Bearbeitung leistete Gunther Irmler. Veronika Kabis-Alamba, iaf Mitglied in Saarbrücken, hat das Manuskript nicht nur überarbeitet, sondern auch eigene wertvolle Ideen beigesteuert. Nicht zuletzt hat das gründliche Lektorat von Cornelia Wilß, Brandes & Apsel Verlag, dazu beigetragen, dass Inhalt und Form des Buches ansprechend übereinstimmen.

Ihnen allen herzlichen Dank.

Frankfurt a.M., Januar 2000

Elke Burkhardt Montanari (Autorin)
Cornelia Spohn (Bundesgeschäftsführerin des Verbandes binationaler Familien und Partnerschaften, iaf e.V.)

Was bedeutet »mehrsprachig«?

»Mein Mann spricht Schwedisch, ich bin arabisch-deutsch aufgewachsen, wir sprechen untereinander Französisch und leben in Deutschland. Wie können wir mit unserer Tochter sprechen?«

Anne, Frankfurt a.M.

Wie viele Sprachen ein Mensch lernen kann, ist grundsätzlich offen. Es ist durchaus möglich, mit mehr als zwei Sprachen aufzuwachsen, und diese Situation ist nicht selten. Daher geht es in diesem Buch nicht nur um zweisprachige, sondern mitunter auch um dreisprachige Erziehung: eben um Mehrsprachigkeit. Wenn Sie in Ihrer Familie, im Kindergarten, in der Schule mehrere Sprachen sprechen oder zukünftig sprechen werden, wissen Sie vermutlich bereits, dass es so einfach und eindeutig mit der Mehrsprachigkeit nicht ist.

Viele SprachwissenschaftlerInnen haben nach Definitionen gesucht. Extrem auseinander liegen die beiden folgenden Definitionen:

- Mehrsprachig ist jemand, der *sinnvolle Äußerungen in mehr als einer Sprache* zustande bringt (John MacNamara, 1969).
- Mehrsprachig ist jemand, der *mehrere Sprachen so gut wie ein/e MuttersprachlerIn* beherrscht (E. Blocher, 1982).

Nach der ersten Definition ist fast die ganze Welt mehrsprachig. Nach der zweiten Definition sind es viele Menschen nicht, die sich beruflich und privat erfolgreich in mehreren Sprachen bewegen. Es gibt viele Grade und Schattierungen von Mehrsprachigkeit, so dass eine Grenzziehung schwierig ist. Stellen Sie sich zum Vergleich vor, wie auf einer Farbskala Blau in Violett übergeht, wie sich in winzigen Nuancen der Farbton allmählich verändert. Sie können zwar die Extreme gut unterscheiden, aber wo genau fängt Blau an? Ähnlich verhält es sich mit den Sprachen: Ist ein Kind schon zweisprachig, wenn es auf die Aufforderungen seines türkisch sprechenden Vaters reagiert und damit signalisiert, dass es ihn versteht, jedoch nur stockend und fehlerhaft antworten kann?

Für den Alltag ist die genaue Definition der Begrifflichkeiten letztlich nicht entscheidend. Als Erziehende müssen wir uns vielmehr die Frage stellen: Kann das Kind seinen mehrsprachigen Alltag bewältigen? Fühlt es sich mit seinen Sprachen wohl – an den jeweiligen Orten, in den Gesprächssituationen und mit den Menschen, mit denen es kommuniziert? Wie entwickelt sich die Familie, die Gruppe, wenn mehrere Sprachen im Spiel sind?

Aber wann ist eine mehrsprachige Erziehung gelungen? Auch auf diese Frage gibt es keine eindeutige Antwort. Was Eltern und LehrerInnen als gelungen empfinden, mag der Großmutter zu wenig erscheinen, oder umgekehrt.

> Unsere Familie kommt aus Apulien, wir leben in Dortmund. Zu Hause sprechen wir meist Italienisch, die Kinder sprechen untereinander Deutsch. Sie sind gut in der Schule, und darüber bin ich sehr froh. Sie sprechen und lesen auch gut Italienisch, aber manchmal machen sie Fehler – sie lernen halt mehr Deutsch in der Schule. Ich finde das in Ordnung. Meine Schwiegereltern in Apulien mussten sich jedoch erst daran gewöhnen, dass unsere Kinder keinen Dialekt mit ihnen sprechen und auf Italienisch manchmal etwas verwechseln.
>
> *Anna F., Deutschland*

Im Alltag ist es wichtig, ob das Kind oder später der Erwachsene das Leben sprachlich meistern kann. Kann das Kind dem Schulunterricht folgen? Kann es ohne Mühe einkaufen? Kann es Freunde finden, sich gut mit ihnen verständigen? Wird das Kind von den Freunden akzeptiert oder ausgegrenzt?

Das Kind sollte sich seinem Alter entsprechend ausdrücken können. Dabei ist es weder wahrscheinlich noch notwendig, dass das Kind in allen Sprachen sämtliche Anforderungen erfüllt. Besucht das Kind erfolgreich die deutsche Schule, so ist das ein schöner Beweis seiner deutschen Sprachfähigkeit. Es wäre jedoch unrealistisch zu verlangen, das Kind solle mit der gleichen Flüssigkeit auch in den anderen Sprachen von Themen reden, die es nur auf Deutsch im Unterricht kennengelernt hat.

Sprache ist nicht gleich Sprache: Einige Sprachen werden für besonders nützlich oder schön gehalten, z.B. heute die englische Sprache oder Französisch. Diese Sprachen genießen ein hohes Sprachprestige. Andere Sprachen wiederum werden unterbewertet, so z.B. Türkisch oder Kurdisch, die von der größten Gruppe der Kinder aus Einwandererfamilien als Erstsprache gelernt werden.

Das Sprachprestige scheint ein wichtiger Faktor beim Erlernen von Sprachen zu sein: wenn die Kinder und die Eltern Bewunderung und Anerkennung dafür erleben, dass das Kind auch z.B. Englisch spricht, finden sie viel Unterstützung. Es scheint dann leichter, mit verschiedenen Sprachen umzugehen, als bei Sprachenkombinationen, bei denen häufig gefragt wird: »Lohnt es sich überhaupt? Was willst du damit?«

Es gibt nicht wenige einsprachige Familien, in denen Kinder mehrsprachig aufwachsen: wenn eine deutsche Familie nach Amerika auswandert, oder aber auch wenn Eltern sich bewusst dafür entscheiden, den Kindern eine weitere Sprache zu vermitteln, obwohl sie selbst einsprachig aufgewachsen sind. So gibt es in Deutschland eine Reihe deutschsprachiger Eltern, die ihr Kind deutsch-englisch erziehen. Auch auf diese besondere Gruppe wird weiter unten besonders eingegangen.

Ist Mehrsprachigkeit nun eine Ausnahme? Genau umgekehrt! Weltweit gesehen ist eher Einsprachigkeit der Sonderfall und nicht die Regel. In vielen Regionen der Welt ist es üblich, dass zu Hause, in der Schule und als Amtssprache zwei, drei oder mehr Sprachen gesprochen werden. Wie auch immer Mehrsprachigkeit genau definiert wird – die moderne Sprachwissenschaft geht davon aus, dass die Menschheit überwiegend mehrsprachig ist. Selten ist das jedoch einsprachigen Eltern, ErzieherInnen, LehrerInnen oder Familienangehörigen bewusst.

Ein Wort noch zu den im weiteren verwendeten Begrifflichkeiten:
Die Begriffe »Muttersprache« oder »Landessprache« sind häufig der Situation nicht angemessen. Daher werden hier – und in der Fachliteratur – folgende Begriffe verwendet:

- *Umgebungssprache – Nichtumgebungssprache*: In Deutschland ist Deutsch die Umgebungssprache, andere Sprachen sind Nichtumgebungssprachen. In Québec, Kanada, ist Französisch die Umgebungssprache, Kanadisches Englisch die Nichtumgebungssprache.

- *Erstsprache/n:* Das sind die Sprachen, die die betreffende Person beim ersten Spracherwerb, als Kleinkind und Kind, gelernt hat. Bei mehrsprachigen Menschen können demnach zwei oder mehr Sprachen die Erstsprachen sein – wenn sie im Verlauf des ersten Spracherwerbs gelernt wurden.

- Das Wort *»Muttersprache«* verwenden wir manchmal, weil es für viele Menschen einem Gefühl entspricht, auch wenn dieser Begriff wissenschaftlich sehr ungenau ist. »Muttersprache« verwenden wir hier deshalb als Begriff aus der Alltagssprache, als Bild für die Sprache, in der sich der/die SprecherIn »zu Hause« fühlt.

Was Mehrsprachigkeit bedeutet: Mehrsprachigkeit kann sehr unterschiedlich definiert werden. In der Kindererziehung ist es wichtiger, sich zu fragen, ob das Kind seinen mehrsprachigen Alltag bewältigen kann. Auch auf die Frage, was eine gelungene mehrsprachige Erziehung ist, gibt es verschiedene Antworten. Mehrsprachigkeit gibt es in vielen Varianten, als Zweisprachigkeit, Dreisprachigkeit, aber auch in einsprachigen, z.B. deutschen Familien in Deutschland, die Englisch mit dem

Kind sprechen. Der Begriff der »Muttersprache« ist oft irreführend, deshalb sprechen wir hier von *Umgebungssprache* und *Nichtumgebungssprache*. Die Erstsprache ist die in den ersten Lebensjahren gelernte Sprache. Kinder können demnach zwei oder mehrere Erstsprachen erlernen.

Keine Familie ist wie die andere

Die Rahmenbedingungen müssen stimmen

Bestimmte Bedingungen wirken sich günstig auf den Erwerb mehrerer Sprachen aus: eine stabile und harmonische Lebenssituation, intensive Kontakte des Kindes mit SprecherInnen beider/aller Sprachen, regelmäßige Reisen in ein Land, in dem die sonstige Nichtumgebungssprache gesprochen wird, zum Beispiel in das Herkunftsland eines Partners.

Manche Eltern finden solche günstigen Bedingungen, andere eher erschwerende Bedingungen vor. Machen wir uns klar: Unter günstigen Bedingungen können wir mehr erreichen, unter erschwerenden Bedingungen sind kleine Schritte Riesenerfolge. Schwieriger kann es werden, wenn – wie im folgenden Beispiel – der Vater der einziger Sprecher der zweiten Sprache ist, den das Kind kennt:

> Ich komme aus einem Teil des Iran, in dem Aserbeidschan gesprochen wird, das ist eine Variante des Türkischen. Meine Frau ist Deutsche. Ich möchte, dass meine Tochter auch Aserbeidschan lernt, es ist die Sprache meiner Kindheit und meiner Familie. Aber hier in Deutschland kenne ich niemanden, der auch diese Sprache spricht, mit meinen Bekannten rede ich Farsi. Wir können auch nicht oft meine Familie besuchen. Ich möchte trotzdem versuchen, meiner Tochter diese Sprache beizubringen, damit sie sich auch mit meiner Familie verständigen kann.
>
> *Ein Vater auf einem Seminar der iaf, Frankfurt a.M.*

Für diesen Vater ist es vermutlich sinnvoll, die Erwartungen an die aserbeidaschanischen Sprachfähigkeiten seiner Tochter nicht zu hoch anzusetzen. Wenn sie einfache Alltagsgespräche versteht, hat er einen beachtlichen Erfolg erzielt. Ausnahmen bestätigen die Regel; in diesem Fall ist jedoch zu erwarten, dass das Kind auf Deutsch antwortet. Sind die Erwartungen des Vaters zu hoch, wird er enttäuscht sein, obwohl er doch stolz auf das Erreichte sein könnte.

Auch der Wortschatz wird dem Umfang entsprechen, der sich aus der Situation ergibt. Spielt oder spricht der Vater am Abend eine Stunde lang intensiv mit dem Kind – und das ist sehr viel – und nutzt er das Wochenende für sich und das Kind, so lernt es die Wörter und Strukturen kennen, die ihm der Vater in dieser Zeit anbietet. Auf der Grundlage dieses Inputs baut das Kind seine Sprache auf – je mehr es davon bekommt, desto reicher wird sich seine Sprache entwickeln.

Es ist leichter, ein Kind mit Sprachen aufwachsen zu lassen, wenn diese auch außerhalb der Familie leicht zugänglich sind: wenn regelmäßige Reisen möglich sind, die Familie Kontakt mit anderen Familien und Kindern mit dieser Sprachenkombination hat und Bücher, Videos und Spiele leicht gefunden werden können.

Unser Tipp ist daher: Seien Sie stolz auf das Erreichte, erwarten Sie nichts Unmögliches. Je nachdem, wie sich die Bedingungen für das mehrsprachige Aufwachsen eines Kindes gestalten, sind einige Ziele erreichbar, andere hingegen unrealistisch. Versuchen Sie, Ihre Erfolge zu sehen! Sonst entsteht für Eltern, andere Erziehende und das Kind eine frustrierende Situation, obwohl doch alle Beteiligten stolz auf sich sein könnten.

Sie können eine solche Frustration vermeiden, indem Sie sich zunächst über die Lebensumstände in Ihrer Familie klar werden. Davon ausgehend bestimmen Sie dann das Ziel, das Sie und Ihr Kind erreichen wollen und können. Eine ganze Reihe von Faktoren spielen dabei eine Rolle, wenn Sie auf diese Weise die Rahmenbedingungen abstecken. Prüfen Sie sie – wo sehen Sie begünstigende, wo erschwerende Umstände?

Wie sind die Lebensumstände des Kindes?

Fragen Sie nach der Lebenssituation des Kindes: Wie stabil oder harmonisch ist sie? Gibt oder gab es größere Veränderungen? Müssen Migrations- oder Fluchterfahrungen bewältigt werden? Ist die familiäre Situation entspannt oder muss eine Trennung der Eltern verarbeitet werden? Ist das Kind krank oder behindert? Ist auf einmal alles neu, weil ein Geschwisterchen geboren wurde?

Es ist auch für die sprachliche Entwicklung von Bedeutung, ob sich das Kind in einer günstigen Lebenssituation befindet oder ob die Bewältigung von Schwierigkeiten in diesem Moment im Vordergrund steht. Ein Kind, das die Trennung der Eltern verarbeiten muss, braucht seine Kraft zunächst dafür; schulische, sprachliche oder andere Leistungen können dann zeitweise abfallen. Sie sind für das Kind in dieser Zeit einfach nicht so wichtig wie die Bewältigung des Konflikts.

Werden die Sprachen gut getrennt?

In verschiedenen sprachwissenschaftlichen Untersuchungen wird darauf verwiesen, wie günstig das Trennen der Sprachen ist. Vorteilhaft sind daher klare Regeln, wer wann welche Sprache mit wem spricht. Auch hier gibt es Ausnahmen, die die Regel bestätigen: Kinder, die trotz kaum erkennbarer Sprachtrennung imstande sind zu verstehen, wo eine Sprache aufhört und die andere beginnt. Es gibt jedoch sehr viele Beispiele dafür, dass Kinder die verschiedenen Sprachen nicht gut trennen und dadurch große Schwierigkeiten z.B. in der Schule haben. Daher ist das möglichst genaue Trennen von Sprachen eine der wichtigsten Empfehlungen, die wir Ihnen geben können.

Wieviel Zeit verbringen Sie miteinander?
Zum Miteinandersprechen gehören Zeit, Ruhe und passende Gelegenheiten. Je mehr Zeit Sie mit Ihrem Kind verbringen können, desto mehr Gelegenheiten zum Sprechen haben Sie – und desto besser stehen Ihre Chancen für eine mehrsprachige Erziehung.

Wie nutzen Sie die gemeinsame Zeit?
Entscheidend ist jedoch nicht nur, wie viel Zeit Sie mit dem Kind verbringen. Betrachten Sie die gemeinsam verbrachte Zeit vielmehr als eine Chance, die genutzt werden muss. Sprechen Sie viel mit dem Kind, wird es viel lernen. Sprechen Sie wenig, so gehen dem Kind viele Möglichkeiten verloren. Häufig haben Elternteile, die viel außer Haus sind, dieses Problem: Sie sehen das Kind nur kurze Zeit. Hier zählt vor allem die Intensität des Kontaktes, die Qualität ihres Zusammenseins. Wenn Sie die gemeinsame Zeit intensiv zum Spielen, Sprechen, Vorlesen, Singen nutzen, werden Sie viel erreichen.

Sind die sprachlichen Anregungen altersgemäß?
Das Kind kann nur das aufnehmen, was ihm angeboten wird. Je besser die Qualität des Angebotes, des Inputs ist, desto mehr kann das Kind auf dieser Grundlage aufbauen. Dabei zeigt die Lernforschung, dass ein guter Input etwas über dem Entwicklungsstand des Kindes liegen sollte. Es muss also ein Überangebot vorliegen, damit sich das lernende Kind aussuchen kann, was zu seinem momentanen Lernstand und zu seinen Lernbedürfnissen passt.

Wer meint: »So wie ein Dreijähriger spreche ich allemal«, wird einem zwei- oder dreijährigen Kind nicht genügend Anregungen für eine gute Sprachentwicklung geben können. Auch ein Baby kann eine Sprache nicht lernen, wenn es nur von Lallen und Babysprache umgeben ist und keine strukturierten Sätze hört. Größere Kinder bleiben auf einem Sprachstand stehen, der ihrer geistigen Entwicklung nicht angemessen ist, wenn sie in dieser Sprache nur Alltagsgespräche angeboten bekommen. Ist das Kind bereits dazu fähig, sich aktiv an Gesprächen zu beteiligen, genügt es nicht mehr, es mit kurzen Fragen oder Aufforderungen wie »Gib mir bitte das Salz!« oder »Wie war's heute?« anzusprechen. Kinder brauchen ihrem

Alter entsprechende Anregungen. Für die Eltern ist das eine dauernde Herausforderung. Hier gilt es, möglichst vielfältige Sprechanlässe zu schaffen – zum Beispiel durch Gespräche über Bücher (auch Schulbücher, Zeitungen und Zeitschriften), Rollenspiele und Kontakte mit unterschiedlichen SprecherInnen.

Wie steht es um Ihre Sprechfertigkeit?
Auch die Sprache von Erwachsenen verändert sich. Menschen, die schon lange in einer anderssprachigen Umgebung leben, neigen dazu, Ausdrücke der Umgebungssprache aufzunehmen – oft, ohne sich darüber bewusst zu sein. In der Regel wird die eigene Sprache im Ausland ärmer, einfacher, weil sie weniger Anregung in Diskussionen, Gesprächen oder durch Lesen erfährt. Umso wichtiger ist es, dass auch die Eltern etwas für ihre eigene Sprechfertigkeit tun: lesen, Radio hören, Briefe schreiben, Kontakte via Internet suchen, sich um die eigene Ausdrucksfähigkeit bemühen.

Haben Sie Zugang zur anderen Sprache außerhalb Ihrer Familie?
Eine unschätzbare Hilfe können Bücher, Videos und Spiele in der Nichtumgebungssprache sein – sofern sie zu finden sind. Oft lohnt sich das Stöbern in den fremdsprachlichen Abteilungen der Stadtbüchereien oder in spezialisierten Buchhandlungen! Von Vorteil ist es selbstverständlich, wenn SprecherInnen der Nichtumgebungssprache im Wohngebiet Ihrer Familie wohnen und Sie dort Freundschaften und Gespräche suchen können.

Reisen
Kleine Wunder können Reisen vollbringen. Die Kinder erleben, dass die Nichtumgebungssprache im anderen Land von allen gesprochen wird. Die andere Kultur wird spürbar, und es macht Spaß, das Gelernte anzuwenden. Im Spiel mit anderen beginnen viele Kinder, die sonstige Nichtumgebungssprache aktiv zu gebrauchen und sprechen die ersten Wörter. Endlich ist diese Sprache auch nicht mehr nur eine Erwachsenensprache!

Nicht immer sind jedoch regelmäßige Reisen möglich. Vielleicht können Besuche von Verwandten oder Freunden einen Teil des Landes nach Hause holen.

Bestehen Freundschaften und Kontakte?
Durch Freundschaften und möglichst vielfältige Kontakte mit SprecherInnen beider/aller Sprachen macht das Kind viele schöne und aufregende Erfahrungen in diesen Sprachen. Es lernt andere Menschen kennen, die Vorbilder werden können (»Mein Freund spricht auch Griechisch, so wie Pa-

pa!«). Es erfährt, dass es viele Menschen gibt, die die jeweilige Sprache sprechen. Und es erhält einen reicheren Sprachinput, als wenn es immer nur eine Person hört. Zum einen neigt jeder Mensch dazu, einen individuellen Wortschatz zu bilden; zum anderen lernen die Kinder die angesagten Musikhits und Modeausdrücke nicht von den Eltern, sondern von Gleichaltrigen. In bestimmten Altersstufen ist es ausgesprochen wichtig, dieselbe Sprache wie die Freunde zu sprechen, um akzeptiert zu werden.

Macht Sprache Spaß oder bringt sie Stress?
Kinder lernen dann mehrere Sprachen gut und gern, wenn sie das Lernen mit angenehmen Erfahrungen verbinden können: mit Spaß, Nähe und Freude. Wird Mehrsprachigkeit zum Stress oder spüren die Kinder großen Druck, so verlieren sie rasch die Freude an Mehrsprachigkeit. Sie sind dann nicht mehr aufnahmebereit und die mehrsprachige Erziehung ist zum Scheitern verurteilt.

Was willst du denn mit dieser Sprache?
In jeder Gesellschaft gibt es Sprachen, die besonderes Ansehen genießen, und andere, die weniger geschätzt werden. Englisch nimmt in westlichen Ländern momentan einen hohen Rang ein: Es gilt als nützlich, bringt Vorteile für den Beruf, ist die Sprache der Popmusik. Dementsprechend gibt es viel Zustimmung und Interesse, wenn Kinder außer der Landessprache auch Englisch lernen.

Wenn eine Sprache sehr hoch eingeschätzt wird, scheint eine bilinguale Erziehung mit dieser Sprache leichter zu sein, wie wissenschaftliche Untersuchungen nahe legen. Die Familie erfährt mehr positives Echo, die Umgebung ist schneller bereit, die Mehrsprachigkeit zu unterstützen, es steht mehr Material zur Verfügung, und es mangelt nicht an zusätzlichen Möglichkeiten, den Spracherwerb – beispielsweise durch Fremdsprachenunterricht an der Schule – zu fördern.

Andere Sprachen hingegen gelten als weniger wertvoll; insbesondere wird ihr Nutzen im Alltag in Frage gestellt. Wenn Sie oder Ihr Partner ein Sprecher dieser unterschätzten Sprachen sind, ist es besonders wichtig, dass Sie Ihrem Kind die Kultur und Bedeutung, die mit dieser Sprache verbunden sind, erklären und nahebringen. Hier liegt auch eine große Aufgabe bei den Verantwortlichen in Kindergarten und Schule, die die fehlende öffentliche Wertschätzung einer Sprache in ihrer pädagogischen Arbeit ausgleichen sollten.

Was bedeutet Ihnen Sprache?
Sprechen Sie bzw. die weiteren Bezugspersonen gern mit dem Kind oder sind Sie eher schweigsam? Lesen Sie gern vor? Wie steht es um Ihre eigene Ausdrucksfähigkeit – sprechen Sie eher gewählt, lesen Sie, wenden Sie einen breiten Wortschatz an oder benutzen Sie überwiegend einfache Sätze und Strukturen? Spielen sie gern Rollenspiele wie Kaufmannsladen, Post oder Puppenspiele mit dem Kind? Das Sprachverhalten der Menschen, die mit dem Kind sprechen, kann förderlich oder eben weniger förderlich sein.

Jedes Kind ist anders
Manche Menschen haben ihre Stärken im kommunikativen Bereich, sie gelten als »sprachbegabt«; andere haben ihre Stärken auf anderen Gebieten. Diese Veranlagungen können Sie schon bei Kindern erkennen. Dann gibt es einige Kinder, die allgemein Schwierigkeiten mit dem Spracherwerb haben, zum Beispiel weil ihnen das Hören schwer fällt oder weil sie sonstige Einschränkungen oder Behinderungen haben. Wenn Ihr Kind anscheinend schlecht sprechen lernt, sollten Sie stets Fachleute hinzuziehen, um ausführliche Hör- oder Entwicklungstests vornehmen zu lassen und dem Kind optimale Unterstützung zu geben.

Sind Dialekte auch Sprachen?
Es ist nicht immer einfach, zwischen Dialekt und Sprache zu unterscheiden. So wird von der Sprache »Chinesisch« gesprochen, obwohl in China äußerst verschiedene Sprachformen nebeneinander existieren, die die Sprecher untereinander oft nicht verstehen. Auch was die deutsche Erzieherin als »Italienisch« interpretiert, ist mitunter ein Dialekt (z.B. Apulisch), der vom Italienischen in vielen Punkten abweicht. Dagegen gelten Deutsch und Niederländisch als jeweils eigenständige Sprachen, obwohl sie über eine Reihe von Gemeinsamkeiten und Ähnlichkeiten verfügen. Wenn Sie Kinder mehrsprachig erziehen, müssen Sie gegebenenfalls sowohl Dialekte als auch Sprachen berücksichtigen.

Wer sind weitere SprachvermittlerInnen für Ihr Kind?
Tagesmütter, erziehende Großmütter, aber auch au pairs und sonstige Erziehende verbringen einen großen Teil des Tages mit Ihrem Kind. Mit ihnen lernt das Kind einen Teil der Welt kennen, es führt viele Gespräche mit ihnen. Wie andere Erziehende mit dem Kind sprechen, hat einen nachhaltigen Einfluss auf die kindliche Sprachentwicklung. Reden Sie mit diesen Bezugspersonen über die mehrsprachige Erziehung Ihres Kindes, damit Sie Vereinbarungen treffen können. Manche Personen können Sie

auch als VermittlerInnen einer Sprache unmittelbar einbeziehen – dann zum Beispiel, wenn in der Familie Englisch gesprochen wird und das Kind die Umgebungssprache, etwa Deutsch, bei der Tagesmutter lernen soll. So förderlich eine positive Einstellung der Tagesmutter oder Großmutter zur Mehrsprachigkeit sein kann, so hemmend kann sich andererseits eine Ablehnung auswirken. Deshalb sollten Sie sicherstellen, dass auch die anderen Erziehenden Ihr Anliegen unterstützen.

Ziehen alle an einem Strang?
Beziehen Sie möglichst alle Menschen, die viel Zeit mit Ihrem Kind verbringen, in die mehrsprachige Erziehung ein. Dann gelingt sie besser und es macht mehr Spaß, wenn alle zusammenarbeiten: Eltern, Großeltern, Tagesmutter, neue PartnerInnen der Eltern und andere Menschen, je nach Lebenssituation. In der Praxis ist das nicht immer leicht zu erreichen. Mitunter gilt auch hier das Sprichwort »Viele Köche verderben den Brei«. So können Meinungen, Ratschläge, Beobachtungen von Dritten auf Dauer stören, Ihnen Zeit und Nerven rauben. Es gilt, den richtigen Weg für *Ihre* Familie zu finden. Und es lohnt sich, die Unterstützung der Umgebung zu suchen, indem Sie über mehrsprachige Erziehung miteinander reden.

Faktoren, die Mehrsprachigkeit begünstigen: Eine Reihe von Faktoren können das mehrsprachige Aufwachsen eines Kindes erleichtern oder aber erschweren: die Lebenssituation des Kindes, Sprachtrennung und Sprachmischung, die Intensität der Kommunikation mit dem Kind, die Qualität des sprachlichen Inputs, die Zugänglichkeit von Materialien sowie Reisemöglichkeiten und Freundschaften. Mit Spaß geht auch das Sprechenlernen besser als mit Stress. Sprachprestige, also die Bewertung der Sprache durch Dritte, hat Einfluss auf das Sprechenlernen, ebenso das Sprachverhalten der Eltern und die Persönlichkeit des Kindes. Tagesmütter, Großmütter oder andere Erziehende können wichtige SprachvermittlerInnen sein, die einbezogen werden können. Dabei sollten möglichst alle an einem Strang ziehen.

Schauen Sie sich die Voraussetzungen in Ihrer Familie genau an – und setzen Sie sich dann ein Ziel, das von Ihrer persönlichen Situation ausgeht: Wie sind die äußeren Bedingungen, unter denen wir leben? Was wissen wir von der Persönlichkeit unseres Kindes? Wie schätzen wir unsere eigenen Persönlichkeiten ein? Was können wir unter den gegebenen Umständen erreichen? Der folgende Fragebogen ist als Unterstützung für Sie gedacht.

Fragebogen: Setzen Sie sich Ihr persönliches Ziel!

I. Welche sind unsere persönlichen Ziele?

Klären Sie Ihre Ausgangssituation

1. Welche Sprachen sollte unser Kind lernen?

In der Familie:
Welche Sprache/n ist/sind Ihnen wichtig?

Mutter: ....

....

....

Vater: ....

....

....

andere erziehende
Personen: ....

....

....

....

In Schule und Beruf:

- Schule: Welche Sprache/n ist/sind hier wichtig? ....
- Ausbildung, Studium: welche Sprache/n ist/sind hier wichtig? ....

➔ Auf welche Sprachen einigen Sie sich?

....

....

2. Wie sind die Rahmenbedingungen in unserer Familie?

Unsere äußeren Bedingungen sind in diesem Punkt

	günstig	*erschwerend*
Lebensumstände	❍	❍
Sprachtrennung/Sprachmischung	❍	❍
Zeit für das Kind	❍	❍
Qualität des sprachlichen Inputs	❍	❍
Zugang zu Materialien in den anderen Sprachen	❍	❍
Kontakte zu SprecherInnen der anderen Sprachen	❍	❍
Reisemöglichkeiten	❍	❍
Sprache – Spaß oder Stress für die Familie?	❍	❍
Prestige der Sprachen	❍	❍

3. Die Persönlichkeit unseres Kindes
(Ist bei sehr kleinen Kindern nicht zu beantworten.)

Die Persönlichkeit unseres Kindes schätzen wir so ein:

Das Kind ist sprachlich orientiert weniger sprachlich orientiert

❍ ❍ ❍ ❍ ❍

Bemerkungen: ....

....

4. Unsere Persönlichkeiten

Uns selbst schätzen wir so ein:

Ich gehe gerne mit Sprache um, schreibe und lese viel

Sprache ist für mich vor allem Mittel zum Zweck

Person 1
(z.B. Mutter): ❍ ❍ ❍ ❍ ❍
Person 2
(z.B. Vater): ❍ ❍ ❍ ❍ ❍

In Bezug auf unser Kind bin ich

ehrgeizig *weniger ehrgeizig*

Person 1: ❍ ❍ ❍ ❍ ❍

Person 2: ❍ ❍ ❍ ❍ ❍

Mit meinem Kind verbringe ich

viel Zeit *wenig Zeit*

Person 1: ❍ ❍ ❍ ❍ ❍

Person 2: ❍ ❍ ❍ ❍ ❍

Bemerkungen: ....

....

Bewertung der Ausgangssituation:
Zu welchem Gesamtergebnis kommen Sie, wenn Sie Ihre Antworten betrachten? Insgesamt sind die äußeren Umstände, die Persönlichkeit des Kindes und unsere persönlichen Voraussetzungen

❍ sehr günstig
❍ günstig
❍ teilweise günstig – teilweise erschwerend
❍ schwierig
❍ sehr schwierig.

Bemerkungen: ....

....

II. Bestimmen Sie nun Ihr persönliches Ziel!

Wir unterscheiden zwischen vier Sprachfertigkeiten: Sprechen, Verstehen, Lesen, Schreiben. In welchen Sprachen soll das Kind alle vier Fertigkeiten lernen, in welchen vielleicht nicht unbedingt oder nicht sofort?

Sprache: *Darin soll das Kind lernen:*

	Sprechen	Verstehen	Lesen	Schreiben
....	❍	❍	❍	❍
....	❍	❍	❍	❍
....	❍	❍	❍	❍

Unser Ergebnis:

Das Kind soll die Sprachen

.... lernen.

Sprechen und verstehen soll es:

....

Auch lesen und schreiben soll es lernen in:

....

Datum: ....

Im Laufe der Zeit werden Sie feststellen, dass sich manche Umstände geändert haben. Wie lange sollen diese Ziele vorerst gelten?
Wir wollen in ....Monaten/Jahr/en wieder über die Ziele sprechen.

Nun haben Sie Ihr Ziel vor Augen – jetzt geht es darum, den besten Weg dorthin zu finden!

Der mehrsprachige Alltag

Wege zur Mehrsprachigkeit

Sprachen trennen – wer sagt wann was in welcher Sprache?

Wenn Kinder mehrere Sprachen gleichzeitig lernen sollen, ist es günstig, wenn sie immer wissen, welche Sprache gerade an der Reihe ist. Möglichst sollten sie also nicht »kreuz und quer« angesprochen werden. Besser ist es, wenn die Eltern klare Regeln vereinbaren, wann die eine, wann die andere Sprache gesprochen wird. So lernen die Kinder, die Sprachen zu unterscheiden.

Die bekannteste, aber nicht die einzige Möglichkeit zur Trennung von Sprachen, lautet *eine Person – eine Sprache*: Jede Person spricht eine Sprache mit dem Kind, die Mutter beispielsweise immer Deutsch, der Vater immer Italienisch. Dieses Trennungsprinzip hat Louis Ronjat, ein Pionier der bilingualen Spracherwerbsforschung, 1913 entwickelt. Er sprach Französisch mit seinem Sohn, seine Frau Deutsch, beide Elternteile waren einsprachig. Hinter dem Trennungsprinzip steht der Gedanke, dass jeder Mensch »seine« – und eben nur eine – Sprache hat. Für zwei einsprachige Elternteile stellt der Grundsatz »eine Person – eine Sprache« eine gute Möglichkeit dar, dem Kind beide Sprachen beizubringen. Er funktioniert jedoch nur, wenn beide Elternteile viel mit dem Kind spielen und sprechen.

Daneben bestehen auch andere Möglichkeiten, die Sprachen zu trennen. Vielleicht passt eine der folgenden Regeln besser zu Ihrer persönlichen Lebenssituation:

- *Familiensprache – Umgebungssprache*:
  In der Familie wird eine andere Sprache gesprochen als in der Umgebung. Auch dieses Trennungsprinzip kann sehr erfolgreich sein.
- *Der erste Satz zählt*:
  Ein Gespräch, das in einer Sprache begonnen hat, wird in derselben Sprache fortgeführt. Auf eine Frage in der Sprache A wird auch in der Sprache A geantwortet.
- *Situationsabhängige Sprachtrennung*: *Wochenendsprache – Werktagssprache; Sprache, wenn Papa (Mama) da ist – Sprache, wenn Papa (Mama) nicht da ist; Intimsprache – Sprache für komplexe Themen, Schulsprache* und andere. Ein Trennungsprinzip nach Situationen kann

das richtige für die Familie sein, wenn ein Elternteil zum Beispiel berufsbedingt tage- oder wochenweise abwesend ist. Dann wiederum sprechen manche Menschen über persönliche, intime Themen in der einen Sprache, über komplexere Themen oder über Schule in der anderen, oder sie haben eine Sprache für den Alltag und eine andere für Gutenachtgeschichten und Tischgespräche.

Den »einzig richtigen Weg«, wie Eltern und Kinder ihren mehrsprachigen Alltag miteinander leben, gibt es nicht. Verschiedene Wege können zum Ziel führen. Welche Vorgehensweise für Ihre Familie die beste ist, hängt von Ihrer persönlichen Lebens- und Sprachsituation ab. Wichtig bei der Auswahl der Sprachtrennung ist:

Sich in der gemeinsamen Sprache wohlfühlen
Viele Menschen möchten mit ihren Kindern nur in der Sprache sprechen, die sie selbst als »Muttersprache« empfinden, zu der sie eine besonders emotionale Bindung haben. Das ist ein guter Grund, sich für diese Sprache zu entscheiden – denn Sie sollen sich in Ihrer gemeinsamen Sprache wohlfühlen!

Sich nicht ausgeschlossen fühlen
Wenn Sie die Sprache des Partners oder der Partnerin nicht verstehen, ist es wichtig sich zu fragen: Werde ich mich ausgeschlossen fühlen, wenn ich nichts verstehe? Ist das ein Problem für mich? Wie können wir damit umgehen?

> Ein Problem war, dass ich nicht immer alles verstand, was Vater und Sohn miteinander besprachen.
>
> *Annette R.-H., Deutschland*

Eltern, auf die diese Situation zutrifft, erleben es häufig als zunächst sehr schwierig. Es ist nicht leicht anzunehmen, wenn wie hier Vater und Sohn eine Unterhaltung führen, lachen und scherzen, und man selbst nur Bruchstücke versteht. Das Unbehagen kann so stark werden, dass die Familie die mehrsprachige Erziehung nicht mehr weiterführt. Folgende *Techniken* können helfen, die Lage zu meistern:

- Sprechen Sie gemeinsam über Ihre Gefühle und den Wunsch, teilzuhaben.
- Lernen Sie die andere Sprache – in einem Sprachkurs, einem Buch, vielleicht auch schrittweise mit Ihrem Kind gemeinsam?
- Begrüßen Sie Fragen und stellen Sie selbst welche: Was habt Ihr gesagt? Worüber lacht Ihr? Was bedeutet das Wort?

- Übersetzen Sie für Ihren Partner, beziehen Sie ihn mit ein. (Meine Kinder haben es übrigens sehr genossen, für mich zu übersetzen.)
- Begrüßen Sie es, wenn Ihr Kind eine andere Sprache spricht, als Chance – und üben Sie, das Nichtverstehen auszuhalten. (Das ist die schwierigste, aber auch wichtigste »Technik«.)

Das ist zunächst für alle ungewohnt und vielleicht umständlich; innerhalb kurzer Zeit lernen Sie jedoch gemeinsam und lernen zusammen, die verschiedenen Sprachen zu genießen.

Sich um möglichst gleichmäßige Sprachanregungen bemühen
Je mehr Gelegenheit ein Kind hat, beide Sprachen zu sprechen, desto besser lernt es sie. Wenn eine Sprache nur selten benutzt wird, wird das Kind sie nicht gut lernen; es wird weniger Wörter kennen und vielleicht lieber die Sprache sprechen, die es besser beherrscht. Die starke Sprache wird dann noch stärker, die schwache noch schwächer – weil es keinen Spaß macht, sie zu sprechen. Kinder verweigern dann oft die schwache Sprache.

Ein Beispiel: Ist der Vater aus beruflichen Gründen nur alle drei Wochen für eine Woche zu Hause, so kann es besser sein, wenn die Familie in dieser Woche die »Vater-Sprache« und in der übrigen Zeit die »Mutter-Sprache« spricht. Außerdem sollten die Kinder die Vater-Sprache auch hören, wenn er selbst nicht da ist – zum Beispiel, indem sie Kontakt zu Freunden haben, die diese Sprache sprechen.

Wir können uns nur um ein möglichst ausgewogenes sprachliches Angebot bemühen: Im Kindergarten, der Schule, der Umgebung erhalten die Kinder reiche Anregungen in der Landessprache; in der Nichtumgebungssprache werden wir auf Dauer nicht diese Vielfalt bieten können. Wir können jedoch das Bestmögliche erreichen.

Die Sprache gut beherrschen
Das Kind übernimmt die sprachlichen Strukturen, die es von Ihnen hört. Darum sollten Sie grundsätzlich nur Sprachen mit dem Kind sprechen, die Sie gut beherrschen. Deshalb ist auch der häufig erteilte Rat »Sprechen Sie Deutsch mit dem Kind« an Eltern, die wenig oder nicht korrekt deutsch sprechen, so fatal: Das Kind lernt dann keine Sprache richtig, und damit hat es die schlechteste Ausgangsbasis für den Spracherwerb.

Eine Entscheidung von Dauer treffen
Das Prinzip zur Trennung der Sprachen innerhalb Ihrer Familie sollten Sie möglichst konstant beibehalten und auf Dauer durchführen können. Ein Erfahrungsbericht:

Wir standen vor etwa drei Jahren vor der Entscheidung, welche »Methode« der bilingualen Sprachvermittlung wir für unsere Tochter Daria anwenden wollten. Mein Mann Maksim, ein gebürtiger Russe, und ich, eine Deutsche, wünschten uns natürlich ein möglichst ausgeglichen zweisprachiges Kind, das ziemlich gut mit beiden Sprachen zurechtkommen würde. Nicht nur, dass es reichlich schwierig geworden wäre, mit den Großeltern dies- und jenseits des Urals zu kommunizieren. Wir wünschten uns auch, dass unsere Kinder mit beiden Kulturen gleichermaßen vertraut sein sollten, was wiederum zu einem Großteil auch über Sprache vermittelt wird.

In Deutschland sprach mein Mann Russisch mit ihr und ich Deutsch. Wir hatten uns zunächst auf die Faustregel »ein Elternteil – eine Sprache« verlassen, stellten aber bald fest, dass es hierbei eine ganz wichtige Einschränkung gibt: Sie funktioniert nur wirklich gut, wenn der ausländische Elternteil die meiste Zeit mit dem Kind verbringt. Mein Mann aber, der berufstätig war und nicht so oft mit dem Kind sprechen konnte, musste mitansehen, wie unsere Kleine ihre ersten sprachlichen Gehversuche unter konsequenter Ignorierung des Russischen unternahm und nicht ein Wort in seiner Muttersprache hervorbrachte, während sie im Deutschen schon einiges zu sagen wusste.

Wir wollten etwas ändern. Uns war klar, dass wir eine gute Regelung finden mussten, die über Jahre hinweg tragen sollte, weil häufiges Wechseln der Strategie das Kind zwangsläufig verwirren musste. Nach langem Überlegen gingen wir schließlich zur Regel »Familiensprache – Umgebungssprache« über. Das hieß: Alle Familienmitglieder verständigten sich ausschließlich auf Russisch. Deutschen Zuhörern, auch den Großeltern, konnte bei Bedarf nachübersetzt werden. Deutsch bekam das Kind ausschließlich durch »Zitate«, also Märchen, Lieder, Reime, die ich ihr auf Deutsch lesen, singen oder aufsagen durfte – Erklärungen und Fragen dazu aber wieder auf Russisch! – sowie die Umwelt mit, also Tagesmutter, Freunde, Verwandte. Das erforderte großes Vertrauen in unsere »Deutschvermittler«, etwa unsere Tagesmutter. Außerdem ist das Ganze nur dank meiner guten Russischkenntnisse möglich gewesen. Im Ergebnis zeigt sich heute – Daria ist inzwischen vier Jahre alt, – dass unsere Tochter beide Sprachen souverän spricht, akzentfrei und in vollem Bewusstsein für ein »Privileg«, das ihr viel bedeutet.

Von Schwierigkeiten kann ich also nicht berichten, es sei denn, man nimmt die Zeit der Orientierung, die uns wirklich viel Kopfzerbrechen bereitet hatte. Wir haben uns zum Glück aber nicht allzu viel dreinreden lassen und mit unserem gesunden Menschenverstand und den Tipps von Spezialisten aus Wissenschaft und dem Kreis der Betroffenen eine Lösung gefunden, die für uns zum vollen Erfolg wurde. Anderen kann ich nur raten, nicht auf die vielen selbstberufenen Ratgeber – Eltern, Freunde, Kinderärzte etc. – zu hören, die alle meinen, kompetent genug zum Mitreden zu sein. Sind sie nicht! Und außerdem ist es wichtig, nicht zähneknirschend irgendwas zu machen, sondern nur eine Linie einzuschlagen, von der man überzeugt ist und die man Jahre durchhalten kann.

Ich bin überglücklich, dass ich die Chance hatte, diese Erfahrung zu machen. Ich möchte allen Unentschlossenen nur Mut machen, es zu versuchen. Allein schon das Probieren bringt der ganzen Familie ein Stück eigene Identität, die wirklich kostbar ist.

Sabine G., Regensburg

Klare Regeln treffen: Eine klare Regelung, wer wann welche Sprache spricht, ist für eine mehrsprachige Erziehung sehr vorteilhaft. Welche Regelung die beste ist, hängt von Familie zu Familie ab. Möglichkeiten sind:

- eine Person – eine Sprache
- Familiensprache – Umgebungssprache
- Der erste Satz zählt
- Sprachtrennung nach Situationen

Wichtig ist, dass sich die Familie mit der gefundenen Regelung wohlfühlt und diese über lange Zeit beibehält. Das Kind sollte möglichst gleichmäßige Anregungen in allen Sprachen bekommen. Sprechen Sie mit dem Kind nur Sprachen, die Sie wirklich gut beherrschen. Wenn Sie mit dem Kind nicht die Umgebungs- bzw. Schulsprache sprechen, sollten Sie sich unbedingt rechtzeitig (ca. zwei Jahre vor der Einschulung) vergewissern, ob das Kind die Schulsprache gut genug spricht – damit der Schulstart kein Fehlstart wird.

Eine Familie – drei Sprachen?

Gerade, wenn Sie drei Sprachen im Alltag verwenden, sind klare Vereinbarungen darüber vorteilhaft, welche Sprache Sie wann gebrauchen. Möglichkeiten können sein, sich grundsätzlich an das Prinzip »eine Person – eine Sprache« zu halten und bestimmte Zeiten oder Räume für die dritte Sprache einzurichten. Das kann die Gute-Nacht-Geschichte oder die Zeit nach dem Frühstück (oder eine sonstige Gelegenheit) sein. Die Familie kann auch eine Ecke in der Wohnung mit Möbeln und Spielzeugen dieser »dritten Kultur« einrichten; an diesem Ort sprechen und spielen Sie und Ihre Kinder in dieser Sprache.

Sehr gut funktioniert auch die »Sprachstunde«: Eine Zeit, in der Sie Bücher der dritten Sprache und Kultur betrachten, Musik hören oder Filme sehen und natürlich nur in dieser Sprache über das gemeinsam Gehörte oder Gesehene reden. Lassen Sie die Sprachstunde möglichst regelmäßig wiederkehren – bei kleinen Kindern sollte sie nicht mehr als zwanzig Minuten dauern, aber dafür möglichst jeden Tag stattfinden. Sonst gerät die dritte Sprache für Kinder und Eltern schnell aus dem Blickfeld. Nach der Sprachstunde können die Partner zu ihrem üblichen Sprachtrennungsprinzip zurückkehren, z.B. also wieder jeder »seine« Sprache sprechen.

Welche weiteren Möglichkeit gibt es, den Alltag dreisprachig zu gestalten? Die Partner sprechen zu Hause jeweils eine Sprache, die jedoch nicht die Umgebungssprache ist. So könnten zum Beispiel eine englische Mutter und ein spanischer Vater, die in Deutschland leben, verfahren: die Mutter spricht Englisch, der Vater Spanisch mit dem Kind. Die Umgebungssprache lernt das Kind dann im Kindergarten und bei Kontakten außerhalb der Familie, etwa auf dem Spielplatz. Dabei sollten sich die Eltern jedoch vergewissern, dass das Kind die Umgebungs- bzw. Schulsprache tatsächlich gut genug lernt, um dem Schulunterricht folgen zu können (etwa zwei Jahre vor der Einschulung).

Die Sprache, die die Eltern untereinander sprechen, ist für das Kind nicht so relevant; es reagiert weit mehr auf die Sprache, in der sich die Eltern direkt an das Kind wenden und in der sie die Antwort erwarten. Eltern und Kinder stoßen bei dreisprachiger Erziehung zuweilen auf noch mehr Vorbehalte (»Das ist doch zu viel!« »Das muss ja verwirren!«). Unser Tipp: Antworten Sie mit Gelassenheit. Dreisprachigkeit ist für viele Menschen auf der Welt Alltag. Es gibt keine wissenschaftlichen Hinweise auf Schwierigkeiten, die durch Dreisprachigkeit entstehen würden.

> Mit meinem Mann, der nie in Deutschland gelebt hat, unterhielt ich mich von Anfang an auf Französisch. Ich unterhielt mich mit dem Baby in Deutsch und mein Mann in Arabisch, was heisst, dass wir in unserer kleinen Familie gleichzeitig drei Sprachen praktizierten. Das funktionierte bestens. Damals lernten die Kinder vom ersten Schuljahr an Arabisch und Französisch. Ich ging also langsam dazu über, immer weniger Deutsch und immer mehr Französisch mit meiner Tochter zu sprechen. Mit unseren darauf folgenden Kindern handhabten wir es genauso. Da wir öfters deutschen Besuch hatten oder Oma und Opa in Deutschland besuchten, gab es auch noch Gelegenheit, die deutschen Sprachkenntnisse aufzufrischen. Unsere Kinder haben alle das Abitur gemacht, studiert, noch Englisch gelernt, wodurch sie jetzt als Erwachsene vier Sprachen beherrschen.
>
> *Gertrud H., Mahdia, Tunesien*

Unsere gemeinsame Sprache als Paar war Französisch. Mein Mann spricht mit den Kindern Tunesisch. Ich selbst spreche mit meinen Kindern konsequent Deutsch. Irgendwann haben wir anhand der Fragen und Bemerkungen unseres ältesten Sohnes festgestellt, dass er in der Lage ist, einiges unserer Gespräche in Französisch zu verstehen. Wir benutzen beide nie die französische Sprache, wenn wir uns mit den Kindern unterhalten und doch hat der tägliche Kontakt mit dieser Sprache Amine geholfen, eine gewisse passive Kompetenz zu erwerben.

Ich habe mittlerweile festgestellt, dass die Warnung von Freunden oder Verwandten, der Umgang mit drei Sprachen sei zu kompliziert für die Kinder zumindest bis jetzt unbegründet ist. Wir praktizieren eine strenge Spracheinteilung in Mutter- und Vater-Sprache, und dennoch ist die Existenz dieser dritten Sprache, der Elternsprache, kein Hindernis für den Erwerb der beiden ersten Sprachen. Im Gegenteil, ich denke, dass dies den Kindern das Erlernen der französischen Sprache ab der dritten Grundschulklasse erleichtern wird.

Susanne F., Monastir, Tunesien

In drei Sprachen leben: Wenn drei Sprachen zu Ihrem Alltag gehören, sind klare Regeln besonders wichtig. Das kann bedeuten, dass Sie

- sich an das Prinzip »eine Person – eine Sprache« halten und bestimmte Zeiten oder Gelegenheiten für die dritte Sprache einrichten;
- weitgehend nach dem Prinzip »eine Person – eine Sprache« vorgehen und einen Raum für die dritte Sprache einrichten, beispielsweise eine Ecke in der Wohnung, in der nur die dritte Sprache benutzt wird;
- eine »Sprachstunde« einführen – einen Zeitraum, vielleicht 20 Minuten täglich, in dem Eltern und Kinder Bücher oder Filme in der dritten Sprache ansehen und darüber sprechen oder Musik hören;
- in der Familie zwei Sprachen sprechen (z.B. nach der Regel »eine Person – eine Sprache«), von denen keine die Umgebungssprache ist. Die Umgebungssprache lernt das Kind dann auf dem Spielplatz oder im Kindergarten.

Der folgende Fragebogen soll Ihnen zur Unterstützung dienen, wenn Sie die Regel zur Sprachtrennung bestimmen möchten, die zu Ihrer Familie am besten passt.

Fragebogen: Unsere Sprachtrennungsregel

Wie viel Zeit verbringen wir mit unserem Kind?

Bitte tragen Sie die Zeit, die das Kind mit verschiedenen Menschen verbringt, als »Tortenstücke« in den Kreis ein – je mehr Zeit, desto größer das »Tortenstück«.

Der gesamte Kreis links ist ein Wochentag, der Kreis rechts steht für das Wochenende.

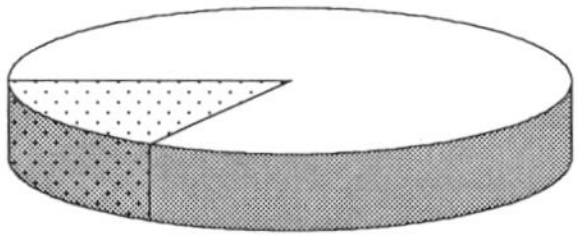

Wochentag

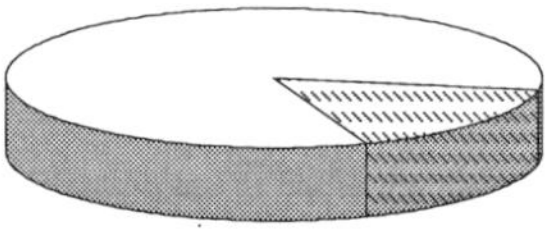

Wochenende

Bei unserer Familie ist die Zeitverteilung besonders, weil ....

....

Welche Sprachen sprechen und verstehen wir? Wie gut?

Mutter oder Person 1: Vater oder Person 2:

....

....

....

Welches Trennungsprinzip passt am besten zu unserer Familie?

❍ eine Person – eine Sprache

❍ Familiensprache – Umgebungssprache

❍ Werktagssprache-Wochenendsprache

❍ Der erste Satz zählt

❍ Sprachtrennung nach Situationen

● andere:...

Wichtige Kriterien:

- Wir fühlen uns damit wohl
- Das Kind erhält möglichst gleichmäßige Sprachanregungen
- Wir beherrschen die Sprache/n sehr gut, die wir mit dem Kind sprechen

Unser Ergebnis:
Unsere Regel zur Sprachtrennung lautet:

....

....

Der richtige Zeitpunkt, die richtige Reihenfolge

Wann können Sie mit der mehrsprachigen Erziehung beginnen? Wenn Sie mögen: schon vor der Geburt. Bereits im Mutterleib, in der 26. Schwangerschaftswoche, beginnen Kinder zu hören. Neugeborene erkennen Stimmen wieder, die sie im Bauch gehört haben. Ihr Kind hört schon genau zu und entwickelt eine Beziehung zu Sprache(n), lange bevor es das erste Wort von sich gibt.

> Jetzt bin ich auch Mutter, und die zweisprachige Erziehung meiner Kinder liegt mir sehr am Herzen, ich lebe sie mit voller Überzeugung. Seit ihrer Geburt – und schon während der Schwangerschaft – habe ich mit meinen Kindern Italienisch gesprochen.
>
> *Giovanna W., Tuttlingen (übersetzt aus dem Italienischen)*

Gerade in den ersten Lebensjahren sind Gehör und Gehirn sehr aufnahmefähig für die unterschiedlichen Laute der einzelnen Sprachen. Mit dem Lallen beginnt Ihr Kind, selbst Laute zu produzieren. Bald probiert es seine Stimmbänder, Lippen und Zunge. Deshalb sprechen Kinder, die eine zweite Sprache sehr früh lernen, oft akzentfrei. Auch für die Eltern ist es leichter, möglichst früh mit der mehrsprachigen Erziehung zu beginnen: Erwachsenen, die einmal damit begonnen haben, eine bestimmte Sprache mit einem Menschen zu sprechen, fällt es in der Regel nicht leicht, sich mit derselben Person plötzlich in einer anderen Sprache zu unterhalten. Als Eltern werden Sie sich deshalb schwer damit tun, im Gespräch mit dem Kind auf eine andere Sprache umzuschalten. Auch für die Kinder ist es seltsam und irritierend, wenn die Eltern sie plötzlich in einer anderen Sprache ansprechen. Unser Tipp: Wenn Sie vorhaben, Ihre Kinder mehrsprachig zu erziehen, dann tun Sie es am besten von Anfang an!

Wenn eine neue Sprache erst später hinzukommt

Es können Umstände eintreten, in denen Kinder zu einem späteren Zeitpunkt eine Sprache hinzulernen. Unter günstigen Bedingungen ist es auch dafür nie zu spät. Schwieriger kann es werden, wenn Ihre Lebenssituation gleich bleibt, Sie sich aber erst später dazu entschließen, eine weitere Sprache einzuführen.

Umzug in eine anderssprachige Umgebung

Zieht die Familie in eine anderssprachige Umgebung, so lernen auch größere Kinder sehr gut eine zweite oder dritte Sprache. Die Forscher Skuttnab-Kangas und Toukomaa haben sogar die besten Ergebnisse bei etwa zehnjährigen Kindern festgestellt, die als Einwanderer eine zweite

Sprache lernen. Auch Teenager und Erwachsene können eine neue Sprache unter günstigen Bedingungen sehr gut lernen.

Jetzt doch zweisprachig
Schwieriger ist es, wenn die Lebenssituation im Wesentlichen gleich bleibt, aber in der Familie erst später der Wunsch entsteht, dem Kind nun doch noch die Nichtumgebungssprache beizubringen: wenn also der persische Vater in einer binationalen Familie plötzlich Farsi mit der Tochter sprechen möchte. Das ist für beide eine schwierige Situation. Ähnliche Versuche werden häufig abgebrochen – vor allem, wenn sie nicht vorbereitet oder begleitet werden. Ein möglicher Weg für diese Familie könnte sein: Die Tochter besucht einen Kurs »Farsi für Kinder«; so wird es für Tochter und Vater möglicherweise sogar zu einem besonderen Erfolgserlebnis, gemeinsam die Kursunterlagen auf Farsi durchzuarbeiten. Bei einer Reise in ein farsisprachiges Gebiet, z.B. nach Persien, beginnt die Tochter dann vielleicht von selbst, diese Sprache mit anderen Kindern zu sprechen. Daran kann der Vater nach der Rückkehr anknüpfen und seiner Tochter so Schritt für Schritt seine Sprache näherbringen. Gerade in dieser Situation ist es jedoch wichtig, geduldig zu sein und keinen Druck auszuüben.

Sprachwechsel erleichtern
Ein Sprachwechsel ist immer schwierig für Eltern und Kinder. Wenn er gewünscht oder notwendig wird, sollten Sie ihn gut vorbereiten – sonst sind alle Beteiligten schnell entmutigt. Ein mißglückter Versuch:

> Arlette und ich sprechen Englisch miteinander, und so kam es dazu, dass ich auch mit den Kindern Englisch sprach. Damit war ich gar nicht glücklich, denn eigentlich wollte ich mit ihnen Französisch sprechen. Einmal versuchte ich, mit unserer ältesten Tochter auf Französisch umzuschalten – ein Fehlschlag, der sie zwei Tage lang in Verzweiflung stürzte! Sarah dachte, ich verwechsle sie mit jemandem. Sie sagte dauernd: »Papa, ich bin's doch, Sarah!« Ich fühlte mich schrecklich.
>
> *Jayson C., Chatham, Kanada (übersetzt aus dem Englischen)*

Gute Möglichkeiten, um einen Sprachwechsel für alle zu erleichtern und zu begleiten, sind:

- zunächst die Zeitdauer auszuweiten, in der das Kind die ihm neue Sprache in seiner Umgebung hört;
- dann erst schrittweise damit zu beginnen, sich in der neuen Sprache an das Kind zu wenden;

- einen längeren Aufenthalt in einem Gebiet, in dem diese Sprache gesprochen wird oder einen ausgedehnten Besuch von Verwandten zu ermöglichen. Das kann für das Kind ein gutes »Sprachbad« sein. Wird einmal zwanglos zu Hause die neue Sprache gesprochen, ist es nicht mehr schwer, damit fortzufahren;
- den Spracherwerb durch Bücher, Spiele, Videos und Musik in der neuen Sprache zu unterstützen;
- eventuell einen Babysitter oder ein au pair, der die entsprechende Sprache spricht, einzustellen.

Soll das Kind die Sprachen gleichzeitig oder nacheinander lernen?
Manchen Eltern erscheint es sicherer, zwei Sprachen nacheinander einzuführen. In der Regel ist dieses Vorgehen jedoch wenig erfolgversprechend, zu schwierig ist der spätere Sprachwechsel für Eltern wie für Kinder. Die Familie bleibt dann häufig bei der zunächst gewählten Einsprachigkeit. Anders ist es, wenn – wie oben ausgeführt – der Sprachwechsel zusammen mit dem Umzug in ein anderssprachiges Land erfolgt. Werden dann beide Sprachen gefördert, hat mehrsprachige Erziehung auch zu einem späteren Zeitpunkt gute Chancen auf Erfolg.

Beispiele für Sprachwechsel:

Einsprachige Familie, mehrsprachiges Kind
Karin und Martin Meier ziehen von Deutschland nach Rom. Sie sprechen weiter mit ihrer Tochter Deutsch zu Hause; in der Kindergruppe und in der Schule lernt die Tochter Italienisch. Zusätzlich kommt in der Anfangszeit zweimal pro Woche ein Student, der mit dem Kind auf Italienisch spielt und bei den Schulaufgaben hilft.

Eine binationale Familie wird mehrsprachig
Petra und ihr amerikanischer Mann Bob haben zuerst in Deutschland gelebt. Ihre Familiensprache ist Deutsch. Als das Kind vier Jahre alt ist, zieht die Familie nach Amerika. Petra spricht weiter Deutsch mit dem Kind, sie lesen deutsche Kinderbücher und suchen Kontakte zu anderen deutschsprachigen Kindern. Bob spricht immer öfter Amerikanisch mit dem Kind.

Aus einsprachig deutsch wird – einsprachig amerikanisch
Klaus und Martha ziehen von Bremen in die USA. Beide sprechen sehr gut Amerikanisch, und so reden sie mit der Zeit auch zu Hause immer häufiger Amerikanisch zusammen. Ihr Sohn Tim ist in Bremen deutschsprachig aufgewachsen. Jetzt geht er in die amerikanische Schule. Er spricht mit seinen Eltern immer Amerikanisch, sie antworten ihm auch in

dieser Sprache. Da Tim wenig sprachliche Anregungen auf Deutsch erfährt, wird er von einem einsprachig deutschen zu einem einsprachig amerikanischen Kind. Diese Entwicklung ist sehr häufig zu beobachten, vor allem wenn Familien dauerhaft oder auf lange Zeit auswandern.

Früh beginnen – Sprachwechsel gut vorbereiten: Mit mehrsprachiger Erziehung kann schon in der Schwangerschaft begonnen werden. Ein guter Zeitpunkt ist sofort nach der Geburt. Beide Sprachen gleichzeitig zu vermitteln ist erfolgversprechender, als sie nacheinander einzuführen. Unter günstigen Bedingungen können auch größere Kinder und Jugendliche noch sehr gut eine weitere Sprache lernen – z.B. nach einem Umzug in ein anderssprachiges Gebiet. Bleibt die Lebenssituation weitgehend gleich und wollen die Eltern erst später von ein- auf mehrsprachige Erziehung wechseln, sollten sie das sehr gut vorbereiten und begleiten. Sonst sind alle Beteiligten schnell entmutigt.

Mit dem Kind Deutsch sprechen, auch wenn beide Elternteile eine andere Muttersprache haben?

Wie lernt das Kind am besten die deutsche Sprache? Um dem Kind den Weg in die Schule zu erleichtern, entscheiden sich manche Eltern, deren Muttersprache nicht Deutsch ist, dafür, mit ihren Kindern Deutsch zu sprechen. Mitunter raten ErzieherInnen oder LehrerInnen dazu. Bei diesem Vorgehen sind viele negative Folgen beobachtet worden. Um es ganz klar zu sagen: Der Rat ist falsch. Für Kinder ist es wichtig, dass sie mindestens eine Sprache gut und richtig lernen. Dafür brauchen sie unbedingt einen korrekten und reichen Sprachinput. Nur so erhalten sie auch eine optimale Grundlage für das Erlernen weiterer Sprachen.

Wenn die Eltern jedoch mit dem Kind eine Sprache sprechen, in der sie selbst nicht immer sicher sind oder Fehler machen, kann das Kind keine Sprache richtig lernen. Das ist ein schlechter Start, der schlechteste, den es gibt. Diese Kinder lernen in der Regel schneller und leichter Deutsch, wenn sie über ein altersgerechtes Kurdisch, Türkisch, Italienisch usw. verfügen und darauf aufbauen können.

Anspruch und Wirklichkeit

Muss mein Kind perfekt werden?

Schnell sind manche Menschen mit der Einschätzung bei der Hand, ein Kind spreche »perfekt« Deutsch und Griechisch (Englisch, Thai...), nicht selten übrigens beurteilen das Menschen, die selbst nicht beide Sprachen sprechen. Wie wollen sie urteilen? Und: worüber wurde gesprochen? Über Geschichte? Mathematik? Waren es Spielplatzgespräche? In der Regel wurde das Kind bei kurzen Alltagsgesprächen beobachtet. Sicher scheint uns nur, dass das Kind in beiden Sprachen flüssig einfache Antworten geben kann. Das ist nicht wenig, sondern bereits ein beachtliches Ergebnis. Dennoch wissen vermutlich die Eltern und das Kind recht gut, in welchen Bereichen es die eine Sprache nicht so gut beherrscht wie die andere.

Erwartungen an Mehrsprachige, sie müssten »Muttersprachler« in zwei oder mehr Sprachen sein, »perfekt« in Wort und Schrift und dies auf allen Gebieten, sind unsinnig, denn:

- Kinder lernen die Sprache besser, in der sie mehr Anregungen bekommen. Oft ist das die Sprache, die in seiner Umgebung gesprochen wird, insbesondere in Kindergarten und Schule. Es ist schwierig, das Kind in mehreren Sprachen gleichmäßig mit Anreizen zu »beliefern«.
- Nicht anders als Erwachsene beherrschen Kinder eine Sprache in dem Bereich besonders gut, in dem sie sich häufig und sicher bewegen. So kennen sie vielleicht zahlreiche Begriffe aus ihrem Lieblingsspiel, während ihnen in anderen Lebensbereichen Wörter noch neu sind.
- Niemand kennt auch nur eine Sprache in allen Fachgebieten. Auch Einsprachigen sind Fachbegriffe oft nicht vertraut – oder kennen Sie die Namen aller Bestandteile, sagen wir, eines Telefons?

> Ich denke, meine Kinder können wahrscheinlich als deutsche Kinder gelten, die gut Englisch sprechen; nur mein Sohn könnte auch als englisches Kind betrachtet werden. Die anderen beiden haben einen deutschen Akzent, sie machen Fehler, wenn sie Englisch sprechen und ihr Wortschatz ist geringer als der anderer englischer Kinder in ihrem Alter. In Anbetracht aller Umstände denke ich jedoch, dass wir mehr nicht hätten erreichen können.
>
> *Judith M., Saulheim (übersetzt aus dem Englischen)*

Lernen die Kinder alle Sprachen gleich gut?

Im Regelfall beherrschen mehrsprachige Kinder und Erwachsene eine Sprache besser als die andere – sie verfügen also über eine »starke« und eine »schwache« Sprache. Lebt ein Kind im englischen Sprachraum und besucht es eine englische Schule, so spricht es über viele Themen nur auf Englisch, insbesondere in Schulfächern wie Geschichte, Biologie, Mathematik. Auch viele Spiele lernt das Kind in seiner Freizeit mit englischsprachigen Freunden nur in dieser Sprache kennen. Es erhält mehr und unterschiedliche Sprachanregungen in englischer Sprache als in der Sprache, die es zu Hause spricht, zum Beispiel Italienisch. Zumindest in diesen Bereichen wird das Kind also wahrscheinlich sehr viel besser Englisch sprechen als Italienisch, die Sprache der Eltern. Hingegen kennt das Kind vielleicht mehr Schlaflieder auf Italienisch als auf Englisch – hier ist dann Italienisch die starke Sprache.

Lebt dieses Kind später als Erwachsener in Italien, wird sich das Verhältnis der Sprachen zueinander mit der Zeit verändern: Italienisch wird dann in vielen Bereichen die starke Sprache, zum Beispiel im Beruf. Englisch wird dann eher die »schwächere« Sprache, obwohl sich dieser Mensch an die Kinderspiele vielleicht noch immer nur auf Englisch erinnert. Das Verhältnis von starker zu schwacher Sprache kann sich also im Laufe des Lebens verändern. Der sogenannte »ausgewogene Zweisprachige« ist in der Wirklichkeit fast nie anzutreffen. Eine Mutter berichtet:

> Wir vereinbarten, dass ich stets Englisch und mein Mann stets Deutsch mit den Kindern sprechen würden. Dann zogen wir nach Singapur um. Schon nach seinem ersten Tag im englischsprachigen Kindergarten begann unser damals dreijähriger Sohn Ian sehr viel zu sprechen. Er sprach Englisch und Deutsch, sein Englisch war jedoch wesentlich besser. Als er dann einen Sommer mit seinen Großeltern in Hamburg verlebte, versuchte er nach der Rückkehr, im Kindergarten Deutsch zu sprechen. Es dauerte drei Wochen, bis er sich daran gewöhnt hatte, wieder Englisch zu reden. Das gleiche passierte 1998 nach einem Aufenthalt bei den Großeltern. Es war, als erinnerte er sich nicht an die englische Sprache. Im Februar, als Ian gerade sechs wurde, zogen wir nach Stuttgart. Hier scheint er gleich flüssig Englisch und Deutsch zu sprechen. Er spricht Englisch mit seinem Bruder und mir, außerdem besuchen wir einmal wöchentlich eine englischsprachige Spielgruppe. Ich bin sehr überrascht, wie schnell eine starke Sprache zur schwachen und wieder zur starken Sprache werden kann.
>
> Ich war auch erstaunt, als mich die Erzieherin bat, im Kindergarten nur Deutsch zu sprechen. In Singapur hat uns nie jemand aufgefordert,

um ihrer Bequemlichkeit willen von unserem Grundsatz »eine Person-eine Sprache« abzuweichen. Ich kann nur hoffen, dass diese Erzieherin eine Minderheit darstellt.

Eve W., Deutschland (übersetzt aus dem Englischen)

Mehrsprachige Schriftsteller

Mehrsprachig aufgewachsene Menschen können es in einer oder sogar in mehreren Sprachen zur Meisterschaft bringen: Schriftsteller wie Samuel Beckett oder Elias Canetti sind dafür hervorragende Beispiele. In seiner Autobiografie »Die gerettete Zunge« beschreibt Canetti mit den Worten des Schriftstellers, wie die Sprachen in seinem Leben und Denken wirkten:

> Meine Eltern untereinander sprachen deutsch, wovon ich nichts verstehen durfte. Zu uns Kindern und zu allen Verwandten sprachen sie spanisch. Das war die eigentliche Umgangssprache, allerdings ein altertümliches Spanisch, ich hörte es auch später oft und habe es nie verlernt. Die Bauernmädchen zu Hause konnten nur Bulgarisch, und hauptsächlich von ihnen wohl habe ich es auch gelernt. Aber da ich nie in eine bulgarische Schule ging und Rustschuk mit sechs Jahren verließ, habe ich es sehr bald vollkommen vergessen. Alle Ereignisse jener ersten Jahre spielten sich auf spanisch oder bulgarisch ab. Sie haben sich mir später zum größten Teil ins Deutsche übersetzt. Nur besonders dramatische Vorgänge, Mord und Totschlag sozusagen und die ärgsten Schrecken, sind mir in ihrem spanischen Wortlaut geblieben, aber diese sehr genau und unzerstörbar. Alles übrige, also das meiste, und ganz besonders alles Bulgarische, wie die Märchen, trage ich deutsch im Kopf.
>
> Wie das genau vor sich ging, kann ich nicht sagen. Ich weiß nicht, zu welchem Zeitpunkt, bei welcher Gelegenheit dies oder jenes sich übersetzt hat. (...) Ich kann nur eines mit Sicherheit sagen: Die Ereignisse jener Jahre sind mir in aller Kraft und Frische gegenwärtig – mehr als sechzig Jahre habe ich mich von ihnen genährt –, aber sie sind zum allergrößten Teil an Worte gebunden, die ich damals nicht kannte. Es scheint mir natürlich, sie jetzt niederzuschreiben, ich habe nicht das Gefühl, dass ich dabei etwas verändere oder entstelle. Es ist nicht wie die literarische Übersetzung eines Buches von einer Sprache in die andere, es ist eine Übersetzung, die sich von selbst im Unbewussten vollzogen hat.

aus: Elias Canetti,
Die gerettete Zunge – Geschichte einer Jugend, München 1977

Erfolg und Enttäuschung liegen eng beieinander

Viele Eltern sind glücklich über die Fähigkeit ihrer Kinder, sich in mehreren Sprachen zu verständigen, und reden stolz darüber. Andere sind entmutigt oder enttäuscht. Sie scheinen auf den ersten Blick die Ausnahme zu sein – aber das liegt daran, dass sie seltener über ihre Erfahrungen sprechen. Sie erleben, dass das Kind sich weigert, die Nichtumgebungssprache zu sprechen, das Kind viele Wörter nicht kennt, es Fehler macht, sich die Gespräche mit Großeltern oder Cousins schwierig gestalten.

Wie die Eltern ihre Kinder erleben, hängt aber nur teilweise mit deren objektiven Sprachleistungen zusammen. Waren vielleicht die Erwartungen unangemessen hoch? Oder neigen die Eltern dazu, ihre Kinder zu unterschätzen? Dann geht es ihnen nicht anders als schon den Pionieren der Zweisprachigkeitsforschung: Während Ronjat die Leistungen seines Sohnes geradezu bejubelte, scheint Bloomfield die Leistungen seiner Töchter schlechter zu beurteilen, als sie wohl in Wirklichkeit waren.

Eines ist gewiss: So schön und bereichernd das Leben in mehreren Sprachen sein mag – es kann auch anstrengender sein als der einsprachige Alltag.

> Unsere Kinder sehen in der mehrsprachigen Erziehung nur Vorteile, auch in der Tatsache, eine deutsche Mutter zu haben. Sie und mein Mann haben nicht das Empfinden, dass es durch die Sprache Kommunikationsprobleme unter uns oder mit der Umwelt gibt. Für mich sieht das manchmal ein wenig anders aus: Wenn man nicht in seiner Muttersprache redet, erfordert das auch ständig ein wenig mehr Anstrengung, was zur Kommunikationsmüdigkeit beitragen kann. Meinen Kindern gegenüber meine ich, dass noch mehr Nähe vorhanden wäre, wenn wir eine gemeinsame Muttersprache hätten. Meine Enkelkinder finden es amüsant, dass sie mir noch Arabisch beibringen und mit mir ihre ersten Französischkenntnisse praktizieren können. Ich bedauere es jedoch, nicht die Oma zu sein, die Geschichten erzählt oder vorliest, Kinderlieder singt, bei Erziehungsfragen ihre Meinung gut ausdrücken kann und all die vielen Kinderfragen verständlich beantworten kann.
>
> *Gertrud H., Mahdia, Tunesien*

Eine mehrsprachige Erziehung kann für die Eltern eine große Befriedigung sein, sie bedeutet aber auch mehr Aufwand, mehr Konzentration und Beschäftigung mit dem Kind.

> Bei Spiel und Spaß in unserer Kleinfamilie vermisse ich manchmal die sprachliche Einheit – besonders, wenn es um Spontaneität geht; ich

würde mir dann ab und zu auch einen gemeinsamen sprachlichen Nenner wünschen, ohne »Bruch«.

Lucia O., Bonn, Deutschland

☺ *Erfolg und Enttäuschung liegen nahe beieinander:* Es gibt vermutlich genauso viele Eltern, die von der mehrsprachigen Erziehung ihrer Kinder enttäuscht sind wie solche, die davon schwärmen – letztere reden lieber darüber. Das hängt mit den objektiven Sprachleistungen des Kindes, mit den erfüllten oder nicht erfüllten eigenen Erwartungen und mit der allgemeinen Einschätzung des Kindes zusammen. Mehrsprachige Erziehung kann für die Eltern eine sehr befriedigende und schöne Erfahrung sein. Sie bedeutet aber auch mehr Aufwand und zusätzliche Anstrengung.

Stolpersteine auf dem Weg zur Sprachenvielfalt

Deutsch lernt mein Kind im Kindergarten – oder doch nicht?

Viele Kinder, die zu Hause die Umgebungssprache nicht sprechen, lernen diese sehr gut außerhalb der Familie, bis sie in die Schule kommen. Für andere gilt das nicht. Spätestens nach ein bis zwei Schuljahren wird das dann unübersehbar, weil die Kinder dem Unterricht nicht folgen können.

Die Gründe dafür sind vielfältig. Häufig gehen Eltern davon aus, dass ihre Kinder die Umgebungssprache im Kindergarten »automatisch« lernen. So einfach ist es aber nicht: Die ErzieherInnen sind für das Vermitteln der deutschen Sprache in der Regel nicht ausgebildet. Es gibt kaum Lehrmaterialien und in manchen Kindertagesstätten sind Kinder deutscher Erstsprache in der Minderheit. Das heisst, die Kinder können dann nicht voneinander Deutsch lernen.

Wenn den Eltern erst spät bewusst wird, dass das Kind die Schulsprache nicht gut genug beherrscht – z.B. erst ein halbes Jahr vor der Einschulung – gibt es zu wenig Zeit für gezielte Förderung. Daher ist es besonders wichtig, die ErzieherInnen rechtzeitig, z.B. zwei Jahre vor der Einschulung, immer wieder auf die deutsche Sprache des Kindes anzusprechen und eventuell das Kind beim Deutschlernen zu unterstützen.

Leider fragen mich immer wieder Eltern erst ein halbes Jahr vor der Einschulung: »Wie spricht mein Kind Deutsch?«

Erzieherin in einem Frankfurter Kindergarten

Dieser Zeitpunkt ist sehr spät, um dem Kind noch beim Erlernen der Schulsprache zu helfen.

Wie können Sie dem vorbeugen? Beobachten Sie Ihr Kind:

- Spielt es mit Kindern in der Umgebungssprache? Kennt es viele Wörter in der Umgebungssprache oder benutzt es oft Füllwörter wie »das Ding«, »du weißt schon«? Kann es seinem Alter entsprechend sagen, was es tut?
- Ermöglichen und fördern Sie Kontakte des Kindes mit SprecherInnen der Umgebungssprache. Krabbel-, Spiel-, Bastel- oder Sportgruppen wie Kleinkindschwimmen oder Mutter-Kind-Gymnastik können dem Kind beim Erwerb der Umgebungssprache helfen.
- Versichern Sie sich immer wieder, ob das Kind die Umgebungssprache auch tatsächlich durch den Kindergarten erlernt und altersgerechte Fortschritte macht. Fragen Sie die ErzieherInnen, wie Ihr Kind die Umgebungssprache/Deutsch spricht. Ist es in die Gruppe integriert? Lassen Sie sich dabei jedoch nicht ver*un*sichern, was Ihre mehrsprachige Erziehung angeht!
- Bei Zweifeln sollten Sie das Sprachvermögen des Kindes *spätestens* anderthalb Jahre vor der Einschulung untersuchen lassen, besser früher. Eine erste Anlaufstelle dafür können der Kinderarzt oder der Hals-Nasen-Ohrenarzt sein.
- Sollte sich herausstellen, dass das Kind die Umgebungssprache bis zum Schulbeginn noch perfektionieren sollte, so sollte zum Üben oder gegebenenfalls für eine logopädische Behandlung auch genügend Zeit zur Verfügung stehen – damit aus dem Schulstart kein Fehlstart wird.

☺ *Beherrscht Ihr Kind die Schulsprache:* Viele Kinder lernen die Umgebungssprache im Kindergarten gut genug, um für die Schule gerüstet zu sein, andere jedoch nicht. Insbesondere in Einrichtungen mit wenigen deutschsprachigen Kindern und ohne zusätzliche Förderung kann dies schwieriger sein. Beobachten Sie dann genau den Sprachstand Ihres Kindes. Kontakte mit SprecherInnen der Umgebungssprache unterstützen das Lernen. Haben Sie Zweifel daran, ob Ihr Kind die Umgebungssprache ausreichend lernt, sollten Sie rechtzeitig reagieren – mindestens anderthalb Jahre vor der Einschulung. Nur dann steht genügend Zeit für ein eventuelles Fördertraining zur Verfügung.

Wenn das Kind nicht spricht

Jedes Kind geht seinen eigenen Weg zur Mehrsprachigkeit. Spricht Ihr Kind eine Sprache altersgerecht, die andere jedoch nicht, so lohnt es sich allemal, Geduld zu üben. Vielleicht schaffen Sie durch eine Reise oder einen Besuch besondere Anreize.

Die Sprachwissenschaft unterscheidet hier zwischen Kompetenz und Performanz: Das heisst, was das Kind vielleicht schon im Kopf hat (die Kompetenz), muss es deshalb noch nicht unbedingt zeigen (Performanz). Ihr Kind nimmt vielleicht schon sehr viel von der zweiten Sprache auf, wartet aber noch mit dem eigenen Sprechen.

> Meine zweite Tochter weigerte sich bis zum Alter von etwa drei Jahren, irgendein deutsches Wort zu sprechen. Wenige Tage vor einer Reise nach Deutschland sprudelten die deutschen Sätze aus dem Kind nur so heraus. Sie hatte doch alles, was sie von uns gehört hatte, in sich aufgesogen und gespeichert. Also – nicht gleich aufgeben, wenn von den Kindern keine unmittelbare Reaktion kommt!
>
> *Maria F.-S., Indonesien*

Spricht Ihr Kind jedoch keine Sprache in einer Weise, die seinem Alter entspricht, so sollten Sie die Möglichkeiten der Vorsorge nutzen und mit dem/der KinderärztIn über die Sprachentwicklung Ihres Kindes reden. Mehr dazu finden Sie im Abschnitt »Ist mit der Sprachentwicklung meines Kindes alles in Ordnung?« (S. 62)

Mein Kind antwortet immer nur auf Deutsch!

Immer wieder kann es Phasen geben, in denen die Kinder nur die Umgebungssprache sprechen wollen. Manchmal tritt diese Haltung zu Beginn des Spracherwerbs auf, manchmal mittendrin, nach einigen Monaten Kindergarten- oder Schulbesuch, in der Pubertät. Fast jede mehrsprachige Familie kennt diese Situation.

Die Gründe dafür können verschieden sein:

- Kinder wollen oft so sein wie alle anderen – bloß nicht auffallen! Das gilt schon für kleine Kinder, aber vor allem in der Pubertät ist es wichtig, den Normen zu entsprechen, die die Gruppe der Gleichaltrigen vorgibt. Erst später sind viele stolz darauf, »besonders« zu sprechen.
- Die Kinder kennen keine anderen Kinder, die mit den Eltern eine andere Sprache sprechen. Ihnen fehlt das Vorbild im Freundeskreis.

- Die Eltern verstehen die Umgebungssprache gut und reagieren darauf. Warum sollten die Kinder dann eine andere Sprache sprechen?
- Die Kinder benutzen die Sprache bewusst, um sich abzugrenzen. Alle Eltern erleben Phasen, in denen sich die Kinder von ihnen abgrenzen wollen und müssen. So entwickeln sie eine eigene Persönlichkeit. Es ist nur logisch, wenn die damit verbundenen Auseinandersetzungen auch auf dem Gebiet der Sprache stattfinden. Auch einsprachige Jugendliche tun dies – bemühen sich nicht alle Heranwachsenden um eine Ausdrucksweise, die sich möglichst deutlich von der ihrer Eltern unterscheidet?
- Das Kind/der Heranwachsende definiert seinen eigenen Standort in der Gesellschaft: Bin ich Deutsche/r oder EngländerIn oder ...? Diese Standortbestimmungen sind wichtig und kreativ. Sie können auch durch die Sprachwahl ausgedrückt werden. Eine Jugendliche, die sich z.B. momentan gern vollkommen in die Mehrheitskultur integrieren möchte, wird wahrscheinlich nur die Umgebungssprache sprechen wollen. Dies kann sich immer wieder ändern, solange sie auf der Suche nach ihrer kulturellen Identität ist.

> Seit sich der Schwerpunkt im Leben meiner Tochter von der Familie in die Außenwelt (Schule, Spielkameraden) verschoben hat, macht sich das Übergewicht der deutschen Sprache auch zu Hause bemerkbar. Sie benutzt jetzt das Deutsche häufiger, wenn sie sich an mich oder italienisch-deutsche Kinder wendet. Bisher hat sich ihre italienische Ausdrucksfähigkeit noch nicht entscheidend gemindert. In die Familie und besonders in die Beziehung zwischen mir und meiner Tochter hat sich jedoch ein potentielles Konfliktelement geschoben, weil ich darauf bestehe, Italienisch mit ihr zu sprechen und ihr nicht antworte, wenn sie sich auf Deutsch an mich wendet.
>
> *Antonella C.M., Deutschland (übersetzt aus dem Italienischen)*

Wie können wir Eltern damit umgehen?

Verweigert Ihr Kind zeitweilig eine Sprache, dann nehmen Sie es zunächst mit Gelassenheit. Betrachten Sie es als eine Phase in der Entwicklung Ihres Kindes. Offenbar ist Sprachwahl für Ihr Kind zur Zeit ein wichtiges Thema. Es hat ein Sprachbewusstsein, das viele Altersgenossen nicht haben. Freuen Sie sich darüber. Ihr Kind will das Instrument Sprachwahl selbst steuern? Auch das ist positiv. Versuchen Sie, es nicht persönlich zu nehmen – es ist nicht gegen Sie gerichtet. Beziehen Sie die unterschiedlichen Lebenssituationen von Ihnen und dem Kind ein: vielleicht fühlen Sie sich fremd und es ist Ihnen wichtig, Ihre »Muttersprache« zu sprechen. Ihr Kind fühlt sich möglicherweise nicht fremd, und die Umgebungssprache ist ihm so nahe wie eine Muttersprache. Drängen Sie das Kind nicht. Lassen Sie ihm Zeit.

Das können Sie konkret tun, um Ihr Kind zu ermutigen, die Nichtumgebungssprache wieder zu benutzen:

- Sprechen Sie weiter Ihre Sprache.
- Die besten Lehrer sind Gleichaltrige. Kontakte zu anderen Kindern oder Jugendlichen, Cousinen und Cousins, Musikgruppen oder Sportvereinen können hilfreich sein.
- Ein längerer Aufenthalt (vier bis sechs Wochen) in einem Land, in dem die sonstige Nichtumgebungssprache gesprochen wird, hat oft eine ungeheure Wirkung. Die Kinder bzw. Jugendlichen erleben mit großem Erstaunen, dass dort die andere Sprache an der Tagesordnung ist! Manchmal reichen sogar kurze Aufenthalte, um kleine Wunder zu bewirken.

Wenn Kinder eine Sprache verweigern: In fast allen Familien gibt es Phasen, in denen die Kinder eine Sprache nicht sprechen wollen. Dafür gibt es verschiedene Gründe: Sie wollen zur Mehrheit gehören; die Eltern verstehen die Umgebungssprache gut; die Kinder wollen sich von den Eltern abgrenzen – auch sprachlich; sie sind auf der Suche nach ihrer Identität. Versuchen Sie es mit Gelassenheit zu nehmen und nicht als persönlich gegen Sie gerichtet zu betrachten. Respektieren Sie, wenn das Kind das Instrument Sprachwahl selbst steuern will, und lassen Sie ihm Zeit. Sprechen Sie weiter Ihre Sprache, suchen Sie Kontakte zu anderen Kindern oder Gruppen. Reisen bewirken hier oft kleine Wunder.

Sprachen mischen, Sprachen trennen

»Mein Kind mischt beide Sprachen!«

Häufig durchlaufen mehrsprachige Kinder eine Phase, in der sie beide Sprachen mischen. Manche Kinder sagen eine Zeitlang ein Wort nur in einer Sprache, ein anderes nur in einer anderen – also zum Beispiel immer »acqua« (ital.) für Wasser, immer »manger« (franz.) für essen, egal mit wem sie sprechen. Kleine Kinder sind nicht verschwenderisch. Sie entscheiden sich für einen Ausdruck – auch wenn sie beide Ausdrücke verstehen. Das tun allerdings einsprachige Kinder auch: Sie benutzen selten zwei verschiedene Wörter für einen Gegenstand, zum Beispiel Schnuller und Nuckel. Manchmal kennen die Kinder das Wort auch nur aus einer

Sprache, so dass sie dieses Wort in anderen Sprachen »entleihen«. Bei anderen Kindern hat es eher den Anschein, sie probieren aus, was geht.

Mischen von Sprachen oder Ausleihen von Wörtern aus einer anderen Sprache sind oft vorübergehende Erscheinungen in der kindlichen Sprachentwicklung. Nach einer Weile benutzt das Kind von selbst die entsprechenden Wörter, vor allem, wenn zu Hause klare Sprachtrennungen durchgeführt werden. Bei Eintritt in den Kindergarten oder die Schule kommt es jedoch nicht selten zu Problemen: Sprachmischungen oder Ausleihen entsprechen oft nicht dem Sprachideal von ErzieherInnen und LehrerInnen. Wissenschaftlich gesehen ist das diskutabel – aber in der Schule kann das Mischen von Sprachen zu Schwierigkeiten für das Kind führen. Wichtig ist dann: Sprechen Sie mit der/m LehrerIn. Bleiben Sie im Dialog. Sprechen Sie die LehrerIn nach einem halben Jahr wieder auf das Sprachverhalten Ihres Kindes an. Schildern Sie die Entwicklung des Kindes, Ihre sprachliche Situation zu Hause. Seien Sie ein gutes Vorbild: Bemühen Sie sich um konsequente Sprachtrennung.

»Mein Kind überträgt Grammatikregeln einer Sprache auf die andere!«
Eine andere, vieldiskutierte Form der wechselseitigen Beeinflussung von Sprachen tritt ebenfalls häufig auf: Die Übertragung von Elementen einer Sprache auf eine andere. Das führt zwangsläufig zu Fehlern, beispielsweise wenn ein deutscher Satz mit einer »italienischen Grammatik« gebildet wird – z.B. mit einer Verbposition, die im Italienischen richtig ist, im Deutschen falsch: *Domani vado in piscina. (ital., korrekt) – Morgen ich gehe ins Schwimmbad. (deutsch, grammatikalisch nicht korrekt)*

Diese so genannten Interferenzen gibt es sowohl auf Grammatikebene – also bei Verbstellung, Satzbau, Artikelwahl – als auch auf Wortebene. Dann wird ein Wort mit einer Bedeutung verwendet, die es in der einen Sprache hat, in der anderen nicht.

Es gibt viele Möglichkeiten, diese Form der Sprachmischung zu betrachten: als Spiel mit den Sprachen, als Ausprobieren, was geht, als Bereicherung oder als Experiment: Das Kind kennt vielleicht noch nicht die richtige Struktur in der einen Sprache und probiert ein Element aus einer anderen. Funktioniert es? Habe ich mich verständlich gemacht? Sagen die anderen das auch so oder anders? Leider werden solche Versuche häufig nur als Fehler oder sprachliche Unglücksfälle betrachtet. Dabei handelt es sich um kreative Vorgänge. Gerade während das Kind noch die Sprachen lernt, braucht es Freiraum für Experimente. Und wie beim Laufen, Klettern und Fahrradfahren auch, gehen Experimente manchmal daneben: Man fällt auf die Nase. Ein Kind, das ein paar Mal die Erfahrung gemacht hat, dass andere seine »Sprachkreationen« nicht verstehen, lernt dadurch. Sollten Sie jedoch den Eindruck gewinnen, Ihr Kind wendet über längere Zeit wiederholt dieselbe Regel falsch an, so können Sie dem Kind die richtige Regel genau erklären und beim eigenen Sprechen den Unterschied deutlich vormachen.

Wie konsequent sollte das Kind die Sprachen trennen?
Das kommt darauf an, in welchem sprachlichen System das Kind leben soll. Wie wird Einsprachigkeit bewertet? Wie reagieren die anderen auf das Mischen von Sprachen? In Deutschland hat Mehrsprachigkeit leider weder Tradition noch hat sie, selbst vor dem Hintergrund der heutigen Einwanderungsgesellschaft, besonders viele Fürsprecher. Entsprechend gilt nur »reines« Deutsch als »gutes« Deutsch. (Dabei ist es sehr schwer zu definieren, was ein »reines« Deutsch nun tatsächlich ist. Wörter wie »Pizza«, »Sofa« oder »Internet surfen« werden von den meisten Menschen als Bestandteile eines »reinen« Deutsch akzeptiert.) Der Erfolg des Kindes in Schule und Beruf hängt mitunter davon ab. Die Eltern oder Erziehenden sollten also darauf achten, dass zumindest die Schulsprache – eben Deutsch – ist deutlich getrennt wird.

In anderen Gesellschaften kann der Umgang mit Mischungen und Interferenzen durchaus anders sein. Dann sollten Sie deutliches Augenmerk auf die Frage richten: Welche Mischungen werden toleriert? Ist beispielsweise Französisch die Amts- und Schulsprache in einem afrikanischen Land, so ist es durchaus möglich, dass französische Wörter häufig in der afrikanischen Sprache benutzt werden, Wörter aus der afrikanischen Sprache im Französischen in der Schule jedoch ungern gehört werden.

Wie können die Eltern Sprachtrennung fördern?
Das Kind lernt besser, die Sprachen zu trennen, wenn die Eltern ein gutes Vorbild abgeben und sich selbst um genaue Trennung der Sprachen bemühen. Daher sollten sich die Eltern und/oder Bezugspersonen selbst zuhören und überlegen, wie konsequent sie tatsächlich nur eine Sprache auf einmal sprechen. Wenn die Kinder Sprachen mischen, können die Eltern das zunächst als Spiel auffassen, als kreativen Umgang mit zusätzlichen Möglichkeiten, die ihrem mehrsprachigen Kind zur Verfügung stehen. Bei länger andauernden Mischungen oder Interferenzen können sie dem Kind zeigen, wie es richtig heißen muss, und darauf achten, selbst nicht dieselben Fehler zu machen. Nicht selten sind jedoch die ersten »Versehen« eines kleinen Kindes so niedlich, dass sie sich die ganze Familie angewöhnt. Sollte es in der Schule deswegen zu Konflikten mit der/m LehrerIn kommen, so ist das Gespräch zwischen LehrerIn und Eltern/Bezugspersonen

das Allerwichtigste. Schildern Sie dabei Ihre jeweiligen Beobachtungen und die daraus gezogenen Schlüsse.

Es gibt Kinder, die tatsächlich zu viel und zu häufig mischen, um von den KlassenkameradInnen oder der/m LehrerIn verstanden zu werden. Hilft auch konsequentere Sprachtrennung zu Hause nicht, sollte unbedingt ein/e LogopädIn hinzugezogen werden, damit das Kind erfolgreich die Schule besuchen kann.

Sprachen mischen, Sprachen trennen: Während das Kind sprechen lernt, kann es immer wieder zu Sprachmischungen und zum Entleihen aus anderen Sprachen kommen – das sind übliche und schöpferische Tätigkeiten. Sie stoßen jedoch oft auf Unverständnis in der Umgebung des Kindes, vor allem, wenn diese vorwiegend einsprachig ist. In vielen Ländern, auch in Deutschland, hängt der Erfolg in Schule und Beruf vom guten Trennen der Sprachen ab. Deshalb sollte Trennen langfristig als Ziel angestrebt werden, z.B. indem die Eltern hier selbst ein gutes Vorbild sind.

In Gegenwart anderer eine fremde Sprache sprechen?

> Manchmal war es für mich in Deutschland schwierig, konsequent Englisch zu sprechen, wenn ich von deutschsprachigen Menschen umgeben war, insbesondere, wenn Leute, die ich nicht kannte, bemerkten, dass ich fließend Deutsch sprach. Die dachten wahrscheinlich, ich sei ein bisschen verrückt, trotzdem sind wir dabei geblieben! Auch für die Familie meines Mannes war es manchmal nicht einfach, aber sie haben unsere Bemühungen unterstützt, obwohl sie kein Englisch sprechen. Seit wir in die USA umgezogen sind, hat mein Mann dieses Problem in der Öffentlichkeit. Ich glaube, hier ist es sogar noch schwieriger, denn viele Deutschen verstehen zumindest einigermaßen Englisch, während man in den USA kaum jemanden antrifft, der Deutsch kann.
>
> *Stefanie K.T., USA (übersetzt aus dem Englischen)*

> Meine Eltern und andere deutsche Verwandte fühlten sich häufig ausgeschlossen, wenn Ali im Kreis der deutschen Verwandtschaft darauf bestand, mit Jascha Persisch zu sprechen. Da kam es häufig zu Konflikten.
>
> *Annette H.-R., Deutschland*

> Bei Familienfeiern mit fast ausschließlich deutschem Umfeld sind Vater und Tochter auf einer »Sprachinsel«, die sie von anderen nicht nur ab-, sondern manchmal auch ausgrenzt.
>
> *Lucia O., Bonn, Deutschland*

Diese Erfahrungen zeigen: Nicht immer reagieren die Anwesenden verständnisvoll darauf, wenn am gemeinsamen Tisch mehrere Sprachen gesprochen werden. Die Befürchtung, unhöflich zu sein, und die Schwierigkeiten anderer zu akzeptieren, dass sie kurzzeitig nichts verstehen, sind einige der meistgenannten Schwierigkeiten bei mehrsprachiger Erziehung.

Auch mir selbst ist das nicht immer leicht gefallen. Mein Mann und ich haben dann versucht, die anderen mit einzubeziehen: Wir haben das Thema Mehrsprachigkeit angeschnitten, erklärt, was wir tun und warum. In der Regel entwickelte sich dann ein lebhaftes Gespräch und die Anwesenden konnten uns unterstützen – und sei es dadurch, dass sie es aushielten, eine Zeitlang nichts zu verstehen. Von anderen Eltern weiß ich, dass sie in der Öffentlichkeit die Umgebungssprache sprechen. Wenn sie sich so besser fühlen, ist das ein wichtiges Argument dafür. Es ist jedoch für das Kind leichter, stolz auf die eigene Mehrsprachigkeit zu sein, wenn sie offen nach außen vertreten wird – und das bedeutet eben auch, manchmal Französisch mit dem Vater zu sprechen, selbst wenn die anwesenden Großeltern nur Deutsch verstehen.

Nicht ausgrenzen, sondern einbeziehen: Manchmal wirkt es unhöflich oder ausgrenzend, wenn Eltern mit dem Kind eine Sprache sprechen, die andere nicht verstehen. Eine Möglichkeit, die Situation aufzulockern, besteht in einem Gespräch über Mehrsprachigkeit. So können die Anwesenden an der mehrsprachigen Erziehung teilhaben und sie unterstützen – auch indem sie es ertragen vorübergehend nichts zu verstehen.

Die Sprachentwicklung des Kindes

So lernen Kinder sprechen

Während das Kind sprechen lernt, durchläuft es eine Reihe von Entwicklungsschritten, die nicht allein dem Sprechen dienen. Dabei gibt es von Kind zu Kind Unterschiede, beispielsweise darin, wann es die ersten Wörter spricht. Ein Kind beginnt damit früher, ein anderes später, ohne dass dies ein Hinweis auf seine Intelligenz wäre.

In diesen Schritten lernen Kinder sprechen:

Sensomotorische Entwicklung: Das *Hören* wird entwickelt: Wenngleich Kinder bereits im Mutterleib hören können, wenden sie erst ab dem vierten Lebensmonat ihren Kopf gezielt einer Schallquelle zu. Ab dem siebten Lebensmonat können sie Laute nachahmen. Wenn die Kinder um den siebten oder achten Lebensmonat aufhören zu lallen oder das sehr viel weniger tun als bisher, sollte das Kind unbedingt auf sein Hörvermögen untersucht werden.

Das *Sehen* liefert ebenfalls wichtige Anreize für die Sprachentwicklung. Durch *eigene Lautproduktion beim Schreien und Lallen* entwickelt sich die Stimme. Der *Tastsinn* liefert wichtige Informationen über die Welt – und Anregungen für die Entwicklung der Sprache. Auch die Entwicklung der *Motorik* ist für das Sprechenlernen wichtig: Das Kind muss Mund-, Zungen und Lippenbewegungen lernen. So trainiert es auch beim Daumenlutschen oder beim In-den-Mund-stecken von Gegenständen die Mundmuskeln.

Geistige Entwicklung und Hirnreifung: Im Gehirn des Säuglings werden neuronale Netzwerke gebildet – das Gehirn »reift«. Die geistigen Fähigkeiten entfalten sich; das Kind erkennt Dinge wieder, unterscheidet ähnliche Dinge, erfasst die Bedeutung von Mienen und Gesten.

Das Zusammenspiel: All diese Fähigkeiten und Entwicklungen müssen zusammenspielen, damit das Sprechen gelingt. Um das erste Lebensjahr herum bildet das Kind gezielt die ersten Laute, dann erste Wörter. Für einige Zeit sind diese Einzelwörter auch gleichzeitig Sätze: Ein Kind sagt also »Mama« und kann damit meinen: »Mama, komm zu mir« oder »Mama, ich habe Hunger«. Wir verstehen die Bedeutung durch den Stimmklang, die Situation, die Gestik (und manchmal verstehen wir auch nicht). Im Verlauf seiner weiteren Sprachentwicklung lernt das Kind – immer mehr Laute und längere Sätze zu bilden, wie »Mama komm« oder »Susi Milch haben«. Bis etwa zum dritten Lebensjahr lernt das Kind seine eigene Person zu benennen: Es sagt »ich«. Schrittweise erweitert es seine Grammatikstrukturen, nimmt es neue Wörter in seinen Wortschatz auf. Dieser Prozess dauert bis weit in das Schulalter (bis etwa zehn/elf Jahre) hinein.

Lernen mehrsprachige Kinder anders sprechen?

Kinder, die mit mehreren Sprachen aufwachsen, lernen in der gleichen Weise sprechen wie einsprachige Kinder. Die Schritte der Sprachentwicklung sind dieselben und erfolgen in denselben Altersabschnitten. Wie einsprachige Kinder haben die meisten mehrsprachigen Kinder keine Schwierigkeiten beim Sprechenlernen. Und: wie bei einsprachigen Kindern auch, ist für einige mehrsprachige Kinder der Spracherwerb problematisch. Häufig fragen Eltern, ob mehrsprachige Kinder später mit dem Sprechen beginnen als einsprachige: Die Antwort ist Nein. Da die Sprachentwicklung bei Kindern jedoch sehr unterschiedlich verläuft, ist es schwierig, genau zu bestimmen, ob ein Kind nun »rechtzeitig« zu sprechen begonnen hat. Abweichungen von mehreren Monaten von Kind zu Kind sind normal.

Gerade Kinder, die mit mehreren Sprachen aufwachsen, werden von den Menschen in ihrer Umgebung besonders genau beobachtet – das können Familienangehörige sein, die die Kinder kritisch mit anderen vergleichen, die Eltern selbst, KinderärztInnen oder ErzieherInnen. In wissenschaftlichen Untersuchungen konnte nie bestätigt werden, dass mehrsprachige Kinder später sprechen würden – sie bewegten sich alle im Rahmen der üblichen Abweichungen. Nichtsdestotrotz hält sich dieses Vorurteil hartnäckig.

Unter Umständen kann es für ein Kind schlimme Folgen haben, wenn seine Sprachentwicklung falsch beurteilt wird: dann nämlich, wenn es tatsächlich Schwierigkeiten mit dem Spracherwerb hat, weil es vielleicht schwer hört oder unter Lernschwächen leidet. Werden die Eltern damit vertröstet, dass ihr Kind ohnehin später sprechen wird als andere, besteht die Gefahr, dass es nicht rechtzeitig die richtige Diagnose und Therapie erhält.

Die englisch-türkische Kinderpsychologin Nicola Küpelikilinç aus

Frankfurt hat beobachtet, dass Mehrsprachigkeit von LogopädInnen oft falsch eingeschätzt wird.

> Sprachentwicklungsstörungen können bei allen Kindern vorkommen. Bei mehrsprachigen Kindern werden sie oft nicht erkannt. Es ist immer noch erstaunlich, wie viele Eltern kommen und berichten, sie waren beim Kinderarzt oder bei der Logopädin, und sie hätten ihnen geantwortet: »Das Kind wächst mehrsprachig auf, da entwickeln sich die Sprachen eben langsamer.« Logopäden haben in den meisten Logopädenschulen nie etwas mit Mehrsprachigkeit zu tun. Dann kommen sie nach Offenbach und haben auf einmal 60% mehrsprachige Kinder.

Wann erkennen Kinder, dass sie zwei Sprachen sprechen?

Zahlreiche Fallstudien haben die Frage untersucht: Ab welchem Zeitpunkt wissen Kinder, wann sie von einer Sprache in die andere wechseln müssen? Dabei hat sich gezeigt, dass dieser Zeitpunkt sehr früh liegt. So hat eine Studie über ein hebräisch-englischsprachiges Kind ergeben, dass sich das Kind mit einem Jahr und sieben Monaten in einer Sprache an die Mutter, in der anderen an den Vater wandte. Schon Kinder unter zwei Jahren scheinen die Sprachen also klar unterscheiden zu können. Eine ähnliche Studie über ein Spanisch und Englisch lernendes Kind ergab die klare Sprachtrennung des Kindes im Alter von einem Jahr und acht Monaten. Eine weitere Untersuchung über ein deutsch-französischsprachiges Kind kam zu dem Ergebnis, dass das Kind im Alter von zwei Jahren und drei Monaten deutliche Unzufriedenheit signalisierte, wenn sich die Eltern in einer anderen als der gewohnten Sprache an es wandten.

Die britische Studie von Colin Baker über ein niederländisch-englischsprachiges Kind im Alter von drei Jahren zeigte wiederum, dass sich das Kind in der jeweils passenden Sprache an eine einsprachige Person wandte. Wusste das Kind jedoch von Personen, dass sie zwei Sprachen fließend beherrschten, so neigte es viel eher dazu, die Sprachen zu mischen oder von der einen in die andere zu wechseln. Diese Untersuchung weist darauf hin, dass zweisprachige Kinder im Gespräch mit Einsprachigen weniger zum Sprachmischen neigen als im Gespräch mit anderen Mehrsprachigen.

Wie mehrsprachige Kinder sprechen lernen: Kinder lernen grundsätzlich auf dieselbe Weise mehrere Sprachen, wie sie eine Sprache lernen würden. Mehrsprachige Kinder beginnen nicht später zu sprechen als einsprachige. Kinder unter zwei Jahren scheinen die Sprachen bereits klar unterscheiden zu können.

Ist mit der Sprachentwicklung meines Kindes alles in Ordnung?

Wie unter allen Kindern, gibt es auch unter mehrsprachigen manche, die langsamer oder mit größeren Schwierigkeiten sprechen lernen. Das kann daran liegen, dass sie schwer hören oder besondere Unterstützung brauchen. Sollten Sie als Eltern Zweifel an der altersgemäßen Sprachentwicklung Ihres Kindes haben, empfiehlt es sich, eine/n KinderärztIn, Hals-Nasen-OhrenärztIn oder eine/n PädaudilogIn – das ist ein/e FachärztIn für das Gehör von Kindern – aufzusuchen. Diese ÄrztInnen können das Kind dann gegebenenfalls zu den SpezialistInnen überweisen: zu einem Sozialpädiatrischen Zentrum oder einem/einer LogopädIn. Grundsätzlich gilt: Besser zu früh als zu spät einen Fachmann/eine Fachfrau heranziehen, lieber einmal zu viel als einmal zu wenig. Umso besser, wenn diese Sie wieder nach Hause schicken können mit dem Befund «alles in Ordnung«! Die Frankfurter Logopädin Beate Rudolph rät:

> *Autorin:* Ab welchem Alter können/sollen Kinder einem/einer LogopädIn vorgestellt werden?
> *Beate Rudolph:* Die Schuluntersuchung ist meist schon ein sehr später Zeitpunkt, um mit einer Therapie zu beginnen. Wenn ein Kind mit vier Jahren große Probleme hat, sich auszudrücken – sowohl in Grammatik als auch in Artikulation – dann sollten die Eltern kommen. Wenn das Kind mit zweieinhalb Jahren kaum, nicht mehr als zehn bis zwanzig Wörter spricht, sollten sie es auch logopädisch untersuchen lassen. Wichtig ist auch, dass die Kinder früh angemeldet werden. Wir setzen dann das Kind auf die Warteliste. Wenn dann nach einem Jahr ein Therapieplatz frei ist und wir dann feststellen, dass keine Störung mehr vorliegt, sind wir froh.
>
> Schlechter ist es, wenn die Kinder mit fünf Jahren angemeldet werden und ein Jahr warten. Dann sind sie sechs und sollen in die Schule kommen, und es gibt viel zu tun. Je früher, desto besser, auch nur, um mal nachzusehen. Jedoch arbeiten nicht alle Logopäden mit so kleinen Kindern von zwei oder zweieinhalb Jahren und nicht alle Ärzte schik-

ken so kleine Kinder zur Logopädin. Das ist ein Problem.

Autorin: An wen kann sich eine Familie mit einem zweijährigen Kind wenden?
Beate Rudolph: Da muss man von Mund-zu-Mund-Propaganda leben. Oder das Branchenbuch aufschlagen, einen Logopäden anrufen, fragen: »Kann ich mit einem kleinen Kind zu Ihnen kommen?«. Wenn der ablehnt, den nächsten anrufen. Außerdem muss man noch einen Arzt finden, der das unterstützt. Manche Ärzte sind der Meinung, dass Kinder erst mit fünf Jahren zur Logopädin kommen sollten. Bei zweisprachigen Kindern wird oft auch gesagt »Warten Sie erst mal ab, zweisprachige Kinder sprechen oft später«. Diese Ansicht teile ich nicht.

Autorin: Wenn die Eltern also meinen, ihr Kind spricht nicht gut, sollten sie gegenüber dem Hals-Nasen-Ohrenarzt darauf bestehen, dass das Kind von einer Logopädin untersucht wird?
Beate Rudolph: Ja.

Wann sollte ein/e Fachfrau/-mann zu Rate gezogen werden?
Bei folgenden Anzeichen können die Eltern ihrem Kind helfen, indem sie sich an eine/n SpezialistIn wenden:

- Ein zweijähriges Kind verfügt über nicht mehr als zehn bis zwanzig Wörter. Es bildet keine Zwei-Wort-Sätze (»Mama Eis«).
- Ein vierjähriges Kind kann nicht erzählen, was es tagsüber im Kindergarten gemacht hat. Es sollte also über etwas berichten können, das nicht anwesend ist. Das muss es natürlich nicht jeden Tag tun – es sollte aber grundsätzlich dazu in der Lage sein.
- Ein fünfjähriges Kind kann nicht alle Laute richtig aussprechen.
- Die Eltern haben das vage Gefühl, dass »etwas nicht stimmt« oder dass das Kind »nicht gut zuhört«.
- Das Kind stammelt oder stottert länger als sechs Monate.

Unser Kind ist entwicklungsverzögert oder behindert – können wir es trotzdem mehrsprachig erziehen?
Bei Kindern mit Entwicklungsverzögerungen oder Behinderungen ist es besonders wichtig, unvoreingenommen die Familie und das Umfeld zu betrachten. Wie wichtig ist den Eltern ihre Mehrsprachigkeit? Wie möchten sie mit ihrem Kind sprechen? Braucht das Kind vielleicht verschiedene Sprachen, um mit anderen Familienmitgliedern in Kontakt zu treten? Wie reagiert das Kind auf mehrsprachige Angebote? Auch hier leisten LogopädInnen Hilfestellung.

Autorin: Was raten Sie Eltern, deren Kinder hörgeschädigt oder hörbehindert, vielleicht auch lernbehindert sind?
Beate Rudolph: Ich muss mir diese Familie ansehen. Ich denke an eine deutsch-englische Familie. Das Kind hat ein Syndrom. Der Junge ist schwerhörig auf einer Seite und hat damit natürlich größere Probleme. Da stellte sich die Frage: Sollen wir ihn zweisprachig erziehen oder nicht? Er ist in der deutschen Sprache sicherlich zurück, er ist auch im Englischen zurück. Das hat jedoch sicherlich mit dem Syndrom zu tun. Er ist nicht intelligenzgemindert, aber er hat Probleme durch seine gestörte Aufnahmefähigkeit.

Autorin: Über das Hören?
Beate Rudolph: Ja. In diesem Fall läuft das zweisprachig sehr gut. Die Mutter spricht mit dem Jungen Englisch, er kommt zu mir ins Zimmer, spricht mit mir Deutsch. Dann geht er raus und fragt seine Mutter, ob er das Heft dabei hat – auf Englisch. Sie antwortet ihm auf Englisch, und er gibt mir die Antwort zurück – auf Deutsch. Er kann das gut übersetzen, aber er ist in beiden Sprachen nicht perfekt. Er ist jetzt fünf und müsste eigentlich so gut sprechen können, dass es keine gröberen Fehler mehr gibt. Das ist bei ihm nicht so. Bei dieser Familie würde ich nach wie vor, dass sie zweisprachig mit dem Kind sprechen.

Ich hatte auch eine amerikanisch-deutsche Familie. Da hat der Junge amerikanisches Englisch sehr gut verstanden, hat sich jedoch geweigert, diese Sprache zu sprechen. Der Vater hat nur mit ihm Amerikanisch gesprochen, die Mutter nur Deutsch. Den beiden habe ich geraten, dass jeder bei seiner Sprache bleiben soll. Gerade wenn das Kind Sprachprobleme hat, ist es wichtig, dass es sich orientieren kann: Der Papa spricht mit mir Englisch, die Mama Deutsch. Jetzt waren sie in Amerika, und seitdem spricht der Junge auch Englisch.

Es gibt eine Reihe von Argumenten, die dafür sprechen, auch entwicklungs- oder sprachverzögerte Kinder bilingual zu erziehen; umgekehrt sollten Eltern unter bestimmten Umständen genau abwägen, ob sie eine zweite Sprache ins Spiel bringen wollen.

Gute Gründe *für* eine mehrsprachige Erziehung bei Kindern mit langsamem oder erschwertem Spracherwerb können sein:

- Kinder mit Entwicklungsverzögerungen gleich welcher Art brauchen besonders viel emotionale Nähe, Liebe und Geborgenheit. Wenn Sie sich in Ihrer Sprache dem Kind näher fühlen, so ist das ein sehr wichtiges Argument für Mehrsprachigkeit.
- Das Gespräch in der Familie, die Kommunikation, ist für eine gute kindliche Entwicklung entscheidend: Sie müssen gern und frei mitein-

ander reden können. Vielleicht funktioniert das in Ihrer Familie mehrsprachig besser, oder es ist sogar nur mehrsprachig möglich – dann kann das ausschlaggebend für Ihre Entscheidung sein.
- Kinder, denen der Spracherwerb Mühe bereitet, brauchen gute sprachliche Vorbilder. Es ist deshalb besonders wichtig, dass die Eltern jeweils die Sprache mit ihnen sprechen, die sie selbst am besten beherrschen.

Je nach Situation kann es auch Gründe geben, die *gegen* eine mehrsprachige Erziehung sprechen. Ist Ihr Kind stark hörbehindert und muss es auch die Gebärdensprache lernen, so sollte besonders gut überlegt werden, ob mehrsprachige Erziehung Sinn macht. Grundsätzlich gilt: Beobachten Sie sich und Ihr Kind. Was tut uns gut, was nicht?

> Linda hat erst später sprechen gelernt und bringt sprachlich vieles durcheinander oder bildet unvollständige Sätze. Lieder singt sie völlig richtig, aber Texte unvollständig oder verdreht. Bei ihr war ich stets bemüht, Deutsch zu sprechen. Das ist die einzige Sprache, die ich richtig beherrsche. Sie braucht eine klare, deutliche, richtige Sprache, und die kann ich ihr nur in Deutsch bieten. Alles andere würde sie überfordern.
>
> *Ilona Y., Tunesien*

Wenn Sie mit den Ratschlägen der Fachleute nicht einverstanden sind?
Leider sind viele LogopädInnen oder KinderärztInnen auf dem Gebiet der Mehrsprachigkeit nicht ausgebildet oder unerfahren. Eltern sollten sich daher auch fragen: Welche Erfahrungen, welche Qualifikation für den Umgang mit mehrsprachigen Kindern hat diese/r ExpertIn? Ist sie/er wirklich für uns die/der Richtige? Wundern Sie sich über Äußerungen oder bezweifeln Sie Ratschläge, so sollten Sie weitere ExpertInnen zu Rate ziehen und das Gespräch mit anderen Eltern suchen.

Treten die Störungen in beiden Sprachen auf?
Es hängt von der Art der Sprachstörungen ab, ob sie in allen Sprachen auftreten. Systematische Störungen zeigen sich in allen Sprachen – wenn das Kind Strukturen nicht richtig anwendet, oder wenn es schlecht spricht, weil es schlecht hört, die Mund-Zungen-Muskulatur nicht gut bewegen kann oder weil es Gehörtes mit Mühe verarbeitet. Formt das Kind hingegen nur einen Laut nicht richtig, so kann das auf eine Sprache begrenzt sein – vielleicht gibt es den Laut in der anderen Sprache gar nicht. Natürlich ist es keine Sprachstörung, wenn das Kind in der schwachen Sprache Fehler macht – das gehört zum Lernen dazu.

Beate Rudolph: Nicht alle Sprachstörungen treten zwangsläufig in beiden Sprachen auf – zum Beispiel dann nicht, wenn es sich um Schwierigkeiten handelt, Laute zu bilden, nicht unbedingt. Es gibt Laute, die in einigen Sprachen vorkommen und in anderen nicht. Wenn also in einer Sprache ein bestimmtes »r« falsch gesprochen wird, kann das auf diese Sprache begrenzt sein. Anders ist es, wenn das Sprachsystem gestört ist, wenn das Kind Schwierigkeiten beim Hören hat, bei der richtigen Anwendung von Grammatik, in der Hintergrundwahrnehmung. Wenn das Kind in diesen Bereichen Probleme hat, wird sich das auf beide Sprachen auswirken. Ebenso werden Schwierigkeiten, die in der Motorik begründet sind (Anm.: wenn sich das Kind nicht gut bewegen kann, z.B. die Zunge oder die Lippen nicht gut bewegt), beide Sprachen betreffen.

Autorin: Verbessern – nützt das?
Beate Rudolph: Grundsätzlich halte ich nichts davon, wenn die Eltern die Kinder korrigieren. Gerade bei Artikulationsstörungen ist es ja gemein, wenn die Kinder das »k« oder »sch« nicht können und die Eltern dann sagen: »Wie oft habe ich dir schon gesagt, das heißt...«. Dann sage ich den Eltern, das geht nicht. Damit verhindern sie eher, dass das Kind spricht. Ich ermutige die Eltern, das Kind zu loben, zu sagen: »Klasse, das habe ich jetzt gut verstanden.« Oder ich bitte sie, dem Kind nur dann zu sagen, dass sie es nicht verstanden haben, wenn das auch wirklich so ist, also nicht mit dem Ziel, dass das Kind alles noch einmal sagt. Es gibt auch eine Phase, in der ich den Eltern schon vorschlage, das Kind zu ermutigen: »Komm, das kannst du besser.« Das bespreche ich jedoch mit dem Kind. Das ist, wenn nur der letzte Schliff fehlt. Ich frage dann das Kind, ob die Mutter oder der Vater verbessern dürfen, zu einer bestimmten Zeit am Tag. Das ist wichtig, damit das Kind nicht von morgens bis abends verbessert wird. So weiß das Kind, dass es zu einer bestimmten Zeit verbessert wird, und ansonsten hat es frei.

Autorin: Wie lange ist so eine Korrekturzeit?
Beate Rudolph: Ich frage dazu die Kinder: »Wann würdest du das gerne haben?« Dann antworten sie meist: »Wenn ich die Schulaufgaben gemacht habe.«, oder: »Wenn ich von der Schule komme und mit der Mama über die Schule spreche.« Andere wollen genau das nicht, weil sie dann frei mit der Mutter sprechen und nicht unterbrochen werden möchten. Man muss dann einen Modus finden, der für alle in Ordnung ist. Das sind dann ca. 10 Minuten pro Tag, eine halbe Stunde ist das Maximum. Das geht bei Kindern zwischen sieben und neun Jahren.

Kinder mit Sprachstörungen – wann ist mehrsprachige Erziehung dennoch möglich? Wenn Sie Zweifel haben, ob Ihr Kind gut sprechen lernt, wenden Sie sich unbedingt frühzeitig an eine/n Kinder- oder eine/n Hals-Nasen-OhrenärztIn. Wird eine Verzögerung der Sprachentwicklung festgestellt, sollten Sie genau abwägen, ob Sie mehrsprachig erziehen wollen. Wenn Sie mit einer bestimmten Sprache größere gefühlsmäßige Nähe verbinden, dem Kind ein besseres Sprachvorbild sind und nur so eine gute Kommunikation in der Familie sicherstellen können, sind dies gute Gründe um das Kind mehrsprachig aufwachsen zu lassen. In einigen Fällen können die Umstände jedoch auch dagegen sprechen. Leider haben nicht alle Fachleute Erfahrungen im Umgang mit mehrsprachigen Kindern. Systematische Sprachstörungen werden in allen Sprachen auftreten, die das Kind lernt; Schwierigkeiten bestimmte Laute zu formulieren, können auf eine Sprache begrenzt sein. Verbessern nützt selten. Unter bestimmten Umständen kann eine Korrekturzeit, z.B. zehn Minuten pro Tag, mit dem Kind vereinbart werden.

So macht Lernen Spaß

Wie lernen Kinder am Besten?

Nicht nur Kinder, auch Erwachsene lernen besser, wenn es Spaß macht. Wir alle erinnern uns an Tabellen, Daten und Formeln, die wir uns für Prüfungen eingepaukt haben und die vierundzwanzig Stunden später im Nichts versunken sind. Die moderne Lernforschung bestätigt diese Eindrücke. Wir lernen außerdem nicht nur mit dem »Kopf«. Beziehen wir bewusst alle unsere Sinne mit ein, vervielfacht sich der Lerneffekt. Wir behalten Dinge besser, dir wir mit Sinneseindrücken verbinden – Dinge also, die wir gehört, gesehen, gerochen, geschmeckt oder ertastet haben. Nicht umsonst kommt das Wort »behalten« von »halten«, das Wort »begreifen« von »greifen«. Was bedeutet dies nun für das Sprechen-, Schreiben- und Lesenlernen?

Wir lernen gut mit Spaß, Lob und Erfolg

Loben Sie Ihr Kind. Gönnen Sie ihm Erfolge:»Das hast du toll gemacht!«. Loben Sie auch Teilerfolge: »Auch wenn du es zweimal sagen musstest: Du hast es geschafft, dich auszudrücken«.

Wir lernen gut, was wir erleben und erfühlen

Geben Sie Ihrem Kind vielfältige Anregungen, die die Sinne ansprechen und beziehen Sie möglichst viele der Sinne mit ein: Wenn Sie zum Beispiel auf Spanisch einen spanischen Kuchen backen, sind die Augen, Ohren, der Geruchssinn und der Tastsinn beteiligt.

Hier ein paar Vorschläge:

- Singen oder musizieren Sie gemeinsam.
- Erzählen Sie Kinderreime, spielen Sie Fingerspiele.
- Erklären Sie den Kindern die Farben beim gemeinsamen Malen.
- Spielen Sie miteinander Turmbauen, Puppenspiele, Eisenbahn, Kinderpost...
- Kochen Sie zusammen.
- Basteln oder handarbeiten Sie – vielleicht sogar mit landesüblichen Materialien, in typischen Techniken oder Mustern.
- Spielen Sie Memory, Tierlotto oder Scrabble in den verschiedenen Sprachen.
- Lesen Sie und sprechen Sie anschließend über das Gelesene.
- Erklären Sie Tiernamen bei Zoobesuchen.
- Holen Sie ein Stück des anderen Landes zu sich: Besuchen Sie ein Restaurant, ein Konzert, eine Theatervorstellung.
- Nehmen Sie an Veranstaltungen teil, z.B. am Canada Day, Fest der deutsch-amerikanischen Freundschaft, am Nourouz-Fest, dem kurdischen Neujahrsfest.
- Suchen Sie weitere SprecherInnen, z.B. ein au pair, eine/n BabysitterIn, ein/e KlavierlehrerIn, eine Haushaltshilfe, die/der die Nichtumgebungssprache spricht.
- Reisen Sie viel – wenn möglich!
- Suchen Sie Kontakte zu Menschen, die die anderen Sprachen sprechen: per Post, e-mail, Telefon. Der Austausch mit Cousinen und Cousins gibt wichtige Anreize für Kinder, eine Sprache zu lernen.

Wir lernen schlecht, wenn wir nicht mitmachen dürfen
Mit Lernformen, bei denen Kinder selber etwas tun können, erreichen sie viel mehr als beim passiven Zuhören. Fernsehen oder Videokassetten können effiziente Lernmittel sein: Wählen Sie die Sendungen gemeinsam aus, sehen Sie möglichst gemeinsam fern und sprechen Sie darüber. Der Fernsehkonsum sollte nicht zu lange dauern.

Mit Stress läuft gar nichts:
Kinder lernen sehr schlecht unter Druck. Es ist kontraproduktiv,

- das Kind häufig zu korrigieren.

- Kinder unter Druck zu setzen: »Ich weiß, dass du es kannst – tu's endlich!«
- Kindern Angst zu machen: »Wenn Du den Fehler noch mal machst, dann...«
- eigene Fremdheitsgefühle mit den Kindern teilen zu wollen: »Ich möchte so gerne mit jemandem *meine* Sprache sprechen. Warum tust du das nicht?« Das sind Gedanken von Eltern – nicht von Kindern. Für die Kinder zählen andere Dinge: zum Beispiel die Anerkennung durch die SpielkameradInnen.
- oder anderen Stress mit der mehrsprachigen Erziehung zu verbinden.

☺ *Sprache muss Spaß bereiten:* Wir lernen gut mit Spaß, Lob und Erfolg. Was wir mit allen Sinnen gelernt, also erlebt und erfühlt haben, und was wir dann auch praktisch anwenden, behalten wir leichter. Wenn wir nicht mitmachen dürfen oder Stress und Druck ausgesetzt sind, lernen wir schlecht. Sprechen kann man nicht erzwingen, auch nicht in mehreren Sprachen. Lassen Sie Ihrem Kind die Wahl. Bieten Sie ihm Mehrsprachigkeit an – aber lassen Sie das Kind entscheiden, was es jetzt braucht oder möchte.

Sprache und Familie

Die Familie verändert sich

Trennung und Scheidung: Wie geht es weiter mit den Sprachen?

Dass Trennung oder Scheidung eines bilingualen Paares nicht bedeuten muss, die zweisprachige Erziehung aufzugeben, zeigt das folgende Beispiel:

> Mein Sohn Yakov ist sechs Jahre alt, meine Tochter Sarah vier. Ihr Vater ist Deutscher und hat seit ihrer Geburt stets Deutsch mit ihnen gesprochen. Mit mir und allen anderen hier in Amerika sprechen die Kinder Englisch. Ihr Vater und ich ließen uns vor einem Jahr scheiden. Während des Schuljahres leben die Kinder bei mir (etwa neuneinhalb Monate); die Ferien und den Sommer verbringen sie bei ihrem Vater. Wir haben ein herzliches Verhältnis beibehalten, was den Kindern in jeder Beziehung hilft. Wir waren uns einig, mit der mehrsprachigen Erziehung fortfahren zu wollen, trotz der langen Trennung von ihrem deutschsprachigen Vater. Und das haben wir gemacht: Ihr Vater ruft dreimal in der Woche an. Mindestens einmal pro Woche tauschen wir E-mails oder Briefe aus. Das regt die Kinder dazu an, ihr Deutsch aktiv zu benutzen. Von sich aus sprechen sie kein Deutsch mit mir, aber wir haben eine Vereinbarung getroffen: Drei- oder viermal pro Woche haben wir »Deutschstunde«, indem wir ein deutsches Video sehen oder ein deutsches Buch lesen, und dann sprechen wir Deutsch. Außerdem beschäftige ich einen deutschen Babysitter, der zwei Stunden pro Woche mit den Kindern spielt. Es ist erst ein Jahr her, aber bisher sind die Kinder weiter zweisprachig und die Kinder können Deutsch mit ihrem Vater sprechen, mit gelegentlichen Ausfällen im Wortschatz.
>
> *Shoshana Dietz, USA*
> *mit freundlicher Genehmigung des Herausgebers zitiert aus:*
> *The Bilingual Family Newsletter, 14/3, 1997, Clevedon*

Manchmal muss eine besonders schwierige Zeit überbrückt werden, bis sich die Lebensumstände ändern und die Fortführung der mehrsprachigen Erziehung wieder leichter wird, wie in dem folgenden Brief geschildert:

> Nach meiner Trennung von Jaschas Vater ging dieser für knapp zwei Jahre in die USA. In dieser Zeit war es sehr schwer, die bilinguale Erziehung aufrecht zu erhalten. Das Sprechen mit iranischen FreundInnen konnte nur teilweise verhindern, dass Jascha zunehmend Deutsch

sprach. Seit sein Vater wieder in Deutschland ist und ausschließlich Persisch mit ihm redet, ist das wieder besser geworden.

Annette H.-R., Deutschland

Alleinerziehend mit zwei Sprachen

Ich bin eine 36-jährige Deutsche (einsprachig aufgewachsen, Schulenglisch) und bin 1995 nach England gezogen. Meine Tochter Lizzie (geboren 1995) erziehe ich allein. In England habe ich von Anfang an Deutsch mit ihr gesprochen – ohne Probleme. Kurz vor ihrem dritten Geburtstag mussten wir wieder nach Deutschland ziehen. Zu diesem Zeitpunkt waren ihre Deutsch- und Englischkenntnisse in etwa gleich. Hier in Deutschland hat sie kaum mehr Kontakt zur englischen Sprache. Am Anfang habe ich noch viel mit ihr Englisch gesprochen. Da es aber nicht meine Emotional-Sprache ist und ihre ganzen Tageserlebnisse in Deutsch sind, nahm das mehr und mehr ab. Heute sprechen wir nur gelegentlich Englisch. Ich habe versucht mit englischen Büchern, Videos, CD-Roms und Kassetten ihr Interesse aufrecht zu erhalten – aber es fehlt einfach die Kommunikation. Da wir auf dem Lande wohnen, gibt es keinen Kontakt zu anderen englischsprachigen Familien. Ich bin sehr bedrückt darüber, da ich ihre Zweisprachigkeit gerne aufrecht erhalten hätte.

Irmtraut B., Deutschland

Frau B. ist jetzt sehr aktiv bei der Interessengemeinschaft mehrsprachiger Familien und hat dort Möglichkeiten gefunden, die Zweisprachigkeit ihrer Tochter zu fördern. Sie hat das Richtige getan: Zunächst hat sie mit Büchern oder Filmen versucht, ihre Englischkenntnisse so weit wie möglich aufrechtzuerhalten. Eine täglich wiederkehrende Gelegenheit – vielleicht die »tea-time«, eine englische Viertelstunde nach dem Frühstück o.ä. – kann der passende Rahmen dafür sein. Außerdem hat sie Kontakt zu anderen SprecherInnen und Gruppen gesucht. Es ist sehr wichtig, dass das Kind auch durch andere Personen sprachliche Anregungen bekommt. Ein guter Weg kann sein, Vereine zu besuchen oder einen Babysitter der zweiten Sprache zu beschäftigen.

Neue PartnerInnen der Eltern

Wenn Eltern neue Partnerschaften eingehen, hat dies Auswirkungen auf das Leben aller Familienmitglieder. Sprechen Sie mit dem/der neuen PartnerIn auch darüber, wie es mit der mehrsprachigen Erziehung Ihrer Kinder weitergehen soll. Zeigt Ihr Partner dem Kind, dass er seine Mehrsprachigkeit schätzt, vermittelt er ihm: Ich erkenne deine Vergangenheit, deine bikulturelle Identität an – und damit auch dich.

Klären Sie im Gespräch Ihre jeweiligen Positionen:

- Wie wichtig ist dem Elternteil und dem/r neuen PartnerIn die mehrsprachige Erziehung?
- Welche Gefühle verbinden wir mit den jeweiligen Sprachen?
- Wie fühlt sich die/der neue PartnerIn, wenn sie/er manchmal die Sprache nicht versteht, die gesprochen wird? Kann sie/er es gut aushalten?
- Wie kann die/der neue PartnerIn dem Kind vermitteln, dass er/sie seine Mehrsprachigkeit schätzt?
- Wie fühle ich mich bei Reisen in ein Land, dessen Sprache die anderen sprechen und ich nicht?

Im gemeinsamen Gespräch sollten die Gefühle aller Beteiligten zur Sprache kommen dürfen: die der Eltern – möglichst beider Elternteile, trotz Trennung –, des neuen Partners oder der Partnerin und der Kinder. Sind in einem solchen Gespräch Sätze möglich wie: »Ich fühle mich ausgeschlossen, wenn ich nichts verstehe.« oder »Es macht mich unsicher und ich fürchte, ihr redet über mich«, dann haben Sie schon die besten Voraussetzungen geschaffen, um zu gemeinsamen Lösungen zu gelangen.

Lösungswege können sein, dass

- Nachfragen immer erlaubt sind.
- um Übersetzungen gebeten werden kann.
- die/der neue PartnerIn die Sprache auch dadurch anerkennt, dass er/sie einen Sprachkurs besucht und einfache Unterhaltungen mitverfolgen kann.
- die Mitglieder der neuen Familie die Gefühle der anderen verstehen lernen.

☺ *Die Familie setzt sich neu zusammen – was geschieht mit den Sprachen?* Wenn Sie als Alleinerziehende die zweite Sprache des Kindes unterstützen möchten, sollte das Kind möglichst vielfältige Sprachanregungen bekommen. Kontakte mit anderen SprecherInnen dieser Sprache sind wichtig. Ein Tipp könnte lauten Verteilen Sie die Aufgabe auf verschiedene Münder! Möglichkeiten dafür können Vereine, Krabbelgruppen, Freunde sein. Für neue LebenspartnerInnen ist das gemeinsame Gespräch über die Bedeutung der Sprachen in der Familie wichtig. Wie gehen wir mit der Situation um? Was fühlen wir, wenn eine/r nicht versteht? Indem die/der neue PartnerIn die Mehrsprachigkeit des Kindes wertschätzt, signalisiert sie/er dem Kind: Ich schätze deine Vergangenheit, deine Biografie – und dich. Sinnvoll ist es, die Ziele neu festzusetzen: Welchen Grad an Mehrsprachigkeit können wir erreichen?

Adoption und Mehrsprachigkeit

Zunehmend werden Kinder aus anderen Ländern und Kulturen adoptiert. Damit stellt sich auch die Frage, wie die Adoptiveltern mit der Herkunftssprache und der kulturellen Identität des Kindes umgehen wollen.

> Mein Mann ist Deutscher, ich bin Amerikanerin, wir leben in den USA. Wir sind im Begriff, ein Kind aus Ungarn zu adoptieren. Unser Kind wird vermutlich etwa zweieinhalb Jahre alt sein. Das würde bedeuten, dass es schon einen beachtlichen Sprachkontakt mit dem Ungarischen hatte, einer Sprache, die weder mein Mann noch ich sprechen. Wir sind jetzt unsicher, wie wir uns an das Kind wenden sollen.
>
> *Geraldine R., New York, USA*

> Wir sind jetzt dabei, die siebenjährige Katarina aus Russland zu adoptieren. Wir sprechen beide kein Russisch, aber wir lernen diese Sprache gerade in Abendkursen. Sollten wir versuchen, ihr Russisch lebendig bleiben zu lassen, und wie können wir ihr helfen?
>
> *Ikka und Pirkko-Liisa N., Seinäjoki, Finnland.*
> *mit freundlicher Genehmigung des Herausgebers auszugsweise zitiert aus: The Bilingual Family Newsletter, 14/3, 1997, Clevedon, England*

Bei kleinen Kindern (z.B. bis zum Alter von zwei Jahren) dürfte es zunächst kein Problem darstellen, wenn sich die Adoptiveltern in ihrer Sprache – zweisprachige Eltern gegebenenfalls in ihrer jeweiligen Sprache – an das Kind wenden. Gerade bei sehr kleinen Kindern stellt sich unter Umständen die Frage, ob die Herkunftssprache mit eingeführt werden soll. Mit ihrer Entscheidung stellen die Eltern aus dem ersten Beispiel ein wenig auch die Weichen dafür, welche Identität das Kind entwickeln wird: eine amerikanische, eine amerikanisch-ungarische, eine amerikanisch-deutsche. Wie auch immer sie sich entscheiden: Eltern sollten die Lebensumstände ihres Kindes realistisch einschätzen: Wird das Kind genügend Sprachkontakte in Ungarisch finden?

Eltern, die Kinder adoptiert haben, machen sich jedoch vor allen sprachlichen Überlegungen eine Reihe grundlegender Gedanken. Wie vermitteln sie dem Kind das Zugehörigkeitsgefühl zur Familie, wie geben sie ihm die Liebe und Unterstützung der anderen Familienmitglieder, wie führen sie zu einer hohen Selbstachtung – kurzum, wie verhelfen sie ihm zu einer starken Persönlichkeit? Strategien, die Ursprungssprache des Kindes zu erhalten, können beim Erreichen dieser Ziele helfen.

In selteneren Fällen können eine deutliche Verstärkung der Erstsprache des Kindes und eine Überbewertung der Herkunft gegen die Wünsche des Kindes arbeiten. Daher ist es wichtig für Eltern, offen zu bleiben und die Entwicklung und Vorlieben des Kindes zu beobachten.

Bei der Adoption eines älteren Kindes ab etwa drei Jahren bringt das Kind schon einen recht hohen Sprachstand mit. Im Fall der finnischen Eltern aus unserem Beispiel stellt sich daher die Frage: Sollten sie einen möglichst schnellen Übergang vom Russischen zum Finnischen anstreben? Oder sollten sie eher versuchen, die erste Sprache beizubehalten und zu fördern? Wieder ist der zentrale Ausgangspunkt der Überlegungen nicht die Sprache, sondern das Zusammengehörigkeitsgefühl der Familie, Zuwendung und Liebe.

Es kann wichtig sein, die Erstsprache des adoptierten Kindes zu unterstützen: Die Eltern beweisen dem Kind ihre Liebe, indem sie auch seine Herkunftssprache wertschätzen. Die Anerkennung seiner Erstsprache ist auch eine Anerkennung des Kindes selbst, seiner Identität und seiner Wurzeln. Im Fall von Katarina zeigen die Eltern ihre Liebe und Zuwendung, indem sie ihre erste Sprache anerkennen. Sie zu ignorieren, könnte eine implizite Botschaft bedeuten, dass seine Herkunft, seine erste Sprache und Kultur und damit die ersten Jahre ihres Lebens unwichtig und wertlos wären.

Wie können nun Eltern, die die Erstsprache des adoptierten Kindes nicht beherrschen, diese Sprache wertschätzen?
Colin Baker, Professor der Erziehungswissenschaften, Universität Wales, Banglor, gibt folgende Ratschläge:

- Bevor das adoptierte Kind ankommt, können die Eltern versuchen, sich Grundbegriffe seiner Sprache anzueignen. Auch wenn es ihnen nur gelingen wird, wenige Sätze mit dem Kind zu wechseln, übermitteln sie ihm damit eine Botschaft zwischen den Zeilen: »Wir schätzen deine Sprache, deine Kultur, und somit dich.« Zwar können die Eltern in dieser Sprache kein gutes Vorbild sein, aber einfache Kommunikation in der Erstsprache kann mit zu einer liebevollen Beziehung beitragen.
- Gleichzeitig muss das Kind die Landessprache lernen, besonders die Schulsprache. Eltern sind oft überrascht, wie schnell Kinder zu Hause eine neue Sprache lernen. Sie unterstützen das Lernen, indem Sie es ge-

rade in der Anfangszeit mit vielen Gesten und aller Art nonverbaler Kommunikation begleiten.

- Noch besser ist es, wenn die Eltern nicht nur das Erlernen der neuen Sprache fördern, sondern das Kind zur Mehrsprachigkeit ermutigen. So könnten die Eltern nicht nur die wachsenden Fähigkeiten im Finnischen kommentieren, sondern das Kind auch dafür loben, dass es Russisch *und* Finnisch sprechen kann. Ein Kind, das stolz auf seine zwei Sprachen ist, hat es leichter, ein hohes Selbstwertgefühl zu entwickeln.
- Die Eltern können versuchen, die Erstsprache des Kindes so weit wie möglich zu fördern. So stärken sie die Persönlichkeit des Kindes und wirken dem Verlust seiner ersten Identitätsfindung entgegen. Bücher, Kassetten, Videos, das Internet können einen passiven Gebrauch der Sprache unterstützen. Vielleicht finden Sie auch eine Person, eine Familie oder Gruppe, die die Herkunftssprache des Kindes spricht? Dann kann Ihr Kind seine Erstsprache auch aktiv üben.
- Eine Schule, die mit seiner sprachlichen Herkunft einfühlsam umgeht, kann dem Kind eine große Unterstützung sein.

Adoption – Spracherhalt und Identität: Bei der Adoption von Kindern aus anderen Kulturen müssen Eltern entscheiden, wie sie mit dem sprachlichen Hintergrund des Kindes umgehen wollen. Bei sehr kleinen Kindern kann die Frage anders beantwortet werden als bei Kindern, die ihre erste Sprache schon weitgehend erworben haben. Gerade dann kann der Erhalt und die Förderung der Erstsprache dem Kind signalisieren: Wir schätzen deine Kultur, deine Sprache und somit dich. Die Erstsprache sollte nicht überbewertet werden. Wichtig ist für die Eltern, offen zu bleiben und die Entwicklung und Vorlieben des Kindes zu beobachten.

Deutsche Eltern, deutsche Umgebung – mehrsprachige Erziehung

Hans und Irene leben in Deutschland. Mit ihrer Tochter Anna spricht Hans Deutsch, Irene Englisch. Irenes deutscher Akzent ist unüberhörbar. Als Zuhörerin frage ich mich bei manchen Sätzen, ob Irenes englischer Satzbau richtig ist – manches hört sich doch sehr nach wörtlicher Übersetzung an. Hans und Irene begreifen sich als deutsche Familie. Irene hat beruflich viel Englisch gesprochen, ursprünglich hat sie ein Studium als Dolmetscherin absolviert, jedoch dann im Export gearbeitet. Bei ihnen zu Hause weist wenig auf einen englischsprachigen Kulturraum hin; es stehen lediglich englische Kinderbücher und Videokassetten in den Regalen. Eltern wie Hans und Irene gibt es immer häufiger in Deutschland. Obwohl sie selbst einsprachig sind, erziehen sie ihre Kinder mehrsprachig; häufig ist Englisch die zweite Sprache.

> Ich denke, dass Tim beruflich und in der Schule viele Vorteile haben wird, wenn er Englisch beherrscht. Ich glaube, diese Sprache sehr gut zu kennen. Darum möchte ich meinem Kind dieses Wissen vermitteln. Von mir lernt er es sicherlich besser als in der Schule.
>
> *Karin B., Deutschland*

Zustimmung und Skepsis

Karin selbst fand die Idee zunächst »verrückt«. Nach längerem Abwägen hat sie sich dann dafür entschieden, mit Tim Englisch zu sprechen. Die Verwandten und Freunde begrüßen die mehrsprachige Erziehung des Kindes. Sie betrachten sie als Chance für die schulische und berufliche Karriere und begreifen sie als Frühförderung. Gerade Englisch gilt als besonders nützlich und modern und genießt in Deutschland ein hohes Prestige. Viele Sprachwissenschaftler stehen dieser Form der mehrsprachigen Erziehung jedoch skeptisch gegenüber. Sie bezweifeln deren zukünftigen Erfolg.

Hinter dem Wunsch der Eltern, ihren Kindern eine weitere Sprache zu vermitteln, steht eine grundsätzlich andere Auffassung von Mehrsprachigkeit. Die Sprache stellt hier nicht das Verbindungselement zu einem Teil der Familie oder zur Kultur eines Elternteiles dar wie bei binationalen Familien oder Familien, die im Ausland leben. Sie betrachten die Sprache – gerade Englisch – als ein Wissen, das sie dem Kind vermitteln möchten. Die LehrerIn ist in diesem Fall die Mutter – und es ist in der Tat gut möglich, dass Anna bei ihr mehr lernt als in einer durchschnittlichen deutschen Schule. Auch die Erwartungen an Annas Sprachkompetenz sind andere: Ihre Eltern erhoffen sich, dass sie Englisch besser lernt als ihre deutschen KlassenkameradInnen. Einen Akzent oder Fehler in Satzbau und Wortschatz kalkulieren sie dabei von Anfang an ein (wenn auch das den Eltern nicht immer bewusst ist).

Ein Vordenker in der Mehrsprachigkeitsforschung ist George Saunders. Er und seine Frau sind englischsprachig und leben in Australien. Er hat Deutsch und Sprachwissenschaft studiert und mit seiner Tochter und den beiden Söhnen Deutsch gesprochen, die Mutter Englisch. Diese Erfahrungen hat er in einem ausgezeichneten Buch dokumentiert, das Sie in allen wissenschaftlichen Bibliotheken finden: *Bilingual Children: From Birth to Teens*. Saunders Töchter haben, nach seinen Aussagen, beide Sprachen sehr gut gelernt. Man sollte allerdings bedenken, dass sich Sprachwissenschaftler schon aus beruflichen Gründen sehr intensiv mit den eigenen Kindern beschäftigen, sie beobachten, viel mit ihnen sprechen, über das Sprechen nachdenken. Das ist nicht auf durchschnittliche Familien übertragbar.

Wichtg ist, den Kindern ein gleichbleibend gutes Sprachangebot zu garantieren. Mehr noch: Ihr Englisch muss mit dem ihrer Tochter mitwachsen und sogar immer etwas voraus sein, damit das Kind von ihnen lernen kann. Einen starken Akzent wird es wahrscheinlich übernehmen, ebenso Fehler oder Ungenauigkeiten in den Satzstrukturen oder der Wortwahl. Bemühen sich die Eltern fortlaufend, ihre Sprachkenntnisse zu verbessern? Wenn sie durch Auslandsaufenthalte, Radio, Zeitungen und Kontakte mit anderen SprecherInnen darauf achten, dass ihr Englisch (bzw. die Zweitsprache) ständig weiter Anregungen bekommt, tun sie etwas für sich und ihr Kind. Eine weitere Möglichkeit, früh eine zweite Sprache zu lernen, sind Sprachkurse für Kinder. Englischkurse werden bereits für das Kindergartenalter angeboten.

Mehrere Sprachen sprechen – mehrere Kulturen leben

Den Kindern die eigene/n Kultur/en vermitteln

Für Kinder ist es ein großer Anreiz, eine Sprache zu lernen, wenn sie merken, welche Tore sie damit öffnen können. Es ist spannend zu spüren, welche neuen Welten ich – durch die Sprache – entdecken kann; Welten, die meinen Altersgenossen unbekannt bleiben und die mir in meinem einsprachigen Alltag verschlossen blieben. Auch den Eltern macht es meist viel Spaß, die eigene Kultur mit ihren Kindern zu leben. Das kann auf sehr unterschiedliche Weise geschehen, zu Hause oder draußen, in westlicher Kleidung oder im Sari, mit griechischem Essen, je nach Gelegenheit. Auch Feste, Kulturvereine, Besuche von Musik- oder Theatergruppen sind wunderbare Gelegenheiten, selbst Spaß zu haben und den Kindern zu zeigen: Das steckt hinter der Sprache.

Bei Besuchen in dem Land der anderen Sprache/n werden die Verhaltensunterschiede sehr deutlich. Was in einem Land richtig ist, ist in dem anderen Land falsch, ob es sich um das Autofahren auf der rechten oder linken Straßenseite handelt oder das Essen mit den Händen, mit Stäbchen oder Gabeln. Gerade bei den feinen Unterschieden kann man leicht ins Fettnäpfchen treten. Was in einer Kultur üblich ist, verletzt ein Tabu in einer anderen Kultur oder stößt Menschen zurück oder man macht sich einfach lächerlich.

> Mein Mann kommt aus Norditalien, ich aus Berlin. Obwohl unsere Kulturen oft so nah erscheinen, entdecken wir häufig Unterschiede. Zum Beispiel beim Essen. In Italien habe ich festgestellt, dass die Leute Pizza mit den Händen essen, Weißbrot in den Milchkaffee tauchen oder damit die Soße vom Teller wischen. In diesen Punkten bin ich ganz anders aufgewachsen, das ist für mich erstaunlich. Auf der anderen Seite erntete ich Befremden, oder ich wurde belächelt, wenn ich mir ein Butterbrot mit Salami belegte oder ein gekochtes Ei zum Frühstück aß. Meinen Kindern möchte ich beibringen, was wo »normal« ist – und womit sie in dem anderen Land belächelt oder verspottet werden.
>
> *Elke M., Deutschland*

Es ist für alle immer wieder spannend, Unterschiede zu beobachten, Verhaltensweisen und Gewohnheiten miteinander zu vergleichen. Kinder profitieren sehr davon, wenn es nicht mehr heißt: »Das macht man nicht!«, sondern: »Das ist hier üblich, das dort.« Sie lernen, dass man Dinge immer von zwei Seiten betrachten kann, dass nichts so bleiben muss, wie es einmal ist – und dass es bereichernd ist, sich auf neue Standorte einzustellen und die Perspektive zu wechseln.

»Sofort« ist schneller als »subito«!

Es ist eine Binsenwahrheit: Das »gleiche« Wort, die gleiche Wendung bedeutet in verschiedenen Sprachen und Kulturen noch lange nicht dasselbe! Manchmal verstecken sich hinter diesen Unterschieden grundlegend andere Auffassungen von Höflichkeit und Form; manchmal sind es auch nur Details: Das »sofort« einer Norddeutschen ist eben nicht zwangsläufig das »subito« einer Italienerin – letzteres kann »in zehn Minuten«, notfalls auch »in zwei Stunden« bedeuten. Wenn den Kindern diese Unterschiede bewusst werden, können sich interessante Gespräche mit den Eltern daraus entwickeln. Manchmal haben die Kinder auch schon selbst gemerkt, dass die 1:1-Übersetzung nicht richtig stimmt und sich gewundert.

Dass es manchmal schwierig sein kann, eine Sprache kulturell angemessen anzuwenden, zeigt das folgende Beispiel:

> Hier erleben wir die kulturellen Unterschiede: *Urdu** ist eine sehr formale, höfliche Sprache verglichen mit modernem Englisch. Man wendet sich in ganz unterschiedlicher Art und Weise an die Gesprächspartner. Meine Kinder sind mit Italienisch und Englisch aufgewachsen; an ihnen sehe ich ihre Schwierigkeiten, diese Sprache in kulturell angemessener Weise anzuwenden. Mir wird auch immer klarer, warum ich, aufgewachsen mit einer amerikanischen Mutter, nie ganz in die urdusprachige Kultur schlüpfen kann – ich sehe die Dinge einfach nicht so wie die Menschen, die in dieser Kultur aufgewachsen sind!
>
> *Shera Lyn P. K., Rom, Italien*
> *zitiert nach: The Bilingual Family Newsletter 16/1, 1999, Clevedon, England*
> *(*Urdu wird u.a. in Pakistan gesprochen)*

Erste Schritte nach draußen

Interkulturelles Lernen

Keine Strategie zur Problembewältigung

Kinder wachsen heute immer selbstverständlicher in der Vielfalt der multikulturellen Gesellschaft auf. Ob im Kindergarten, auf dem Spielplatz, im Sportverein, in öffentlichen Einrichtungen – sie findet überall statt. Kinder deutscher Eltern, binationale Kinder, Kinder aus Migrantenfamilien, Kinder, die mit ihren Eltern aus ihrem Heimatland fliehen mussten und viele andere treffen zusammen. Als Kleinkinder sind sie allen und allem gegenüber aufgeschlossen und unvoreingenommen. Und dennoch übernehmen sie im Laufe der Zeit die Vorurteile und Wertigkeiten der Erwachsenen und erleben – als Handelnde und Behandelte – Rassismus und Diskriminierung als etwas Alltägliches. Sie spüren und lernen schnell, was Beachtung findet, was als wertvoll und wichtig betrachtet wird und was unwichtig und nicht beachtenswert ist. Sie registrieren unbewusst, welche Sprache einen hohen Stellenwert hat und welche als unwichtig empfunden wird. Sie realisieren, welche Länder und welche Kulturen ein hohes Ansehen und große Bedeutung haben und welche nicht. Die Vielfalt ihrer Umgebung finden sie weder in ihren Kinderzimmern noch in ihren Bilderbüchern oder Spielsachen, da diese leider nicht die gesellschaftliche Realität widerspiegeln; sie lernen höchstens, wie Kinder in anderen Ländern leben, aber nichts über ihre eigene multikulturelle Gesellschaft.

Nicht selten wird die Auseinandersetzung mit interkultureller Erziehung von den Fachkräften aber grundsätzlich abgelehnt, weil diese sie für überflüssig halten und ihre Relevanz nicht erkennen. Das Argument: »Bei uns im Kindergarten gibt es keine Probleme, unsere Kinder verstehen sich alle!« leugnet einerseits die Tatsache, dass auch Kleinkinder schon mitbekommen, wie Aussehen und Kulturzugehörigkeit in unserer Gesellschaft bewertet werden. Andererseits zeigt es, dass interkulturelle Erziehung oft nur reduziert gesehen wird als Mittel zur Bewältigung von Schwierigkeiten. Interkulturelle Erziehung ist jedoch keine Problembewältigungsstrategie, die erst angebracht ist, wenn Konflikte auftreten, noch geht es darum, angebliche Defizite von Migrantenkindern auszugleichen.

Interkulturelle Erziehung fördert die kulturelle Identität aller Kinder und stärkt gleichzeitig die Toleranz gegenüber dem Anderen, Unbekannten oder Ungewohnten und den Respekt voreinander. Sie unterstützt das

Interesse und die Neugier, das Bedürfnis der Kinder nach Kommunikation und gemeinsamer Auseinandersetzung über alle nationalen, kulturellen und sprachlichen Grenzen hinweg. Interkulturelle Erziehung richtet sich daher gleichermaßen an deutsche, nichtdeutsche, ein- und mehrsprachige Kinder, binationale Kinder und Kinder aus Migrantenfamilien und geht von Alltag und Leben in unserer Gesellschaft aus. Interkulturelle Erziehung will nicht informieren über das Leben in anderen Ländern und sieht auch die Kinder nicht als Vertreter einer vermeintlichen Herkunftskultur, Nationalität oder Religion, denn ob diese in der Familie tatsächlich gelebt wird, erfährt man erst durch den persönlichen Kontakt mit der Familie. Jedes Kind bringt seine individuelle Familienkultur mit.

Interkulturelle Erziehung ist keine gesonderte pädagogische Maßnahmen »für« nichtdeutsche Kinder oder Familien, sondern richtet sich ausdrücklich an alle. Jede und jeder wird als Individuum wahrgenommen. Eltern und ErzieherInnen gehen oft davon aus, dass interkulturelle Erziehung nur notwendig wird, wenn in Kindergärten und Schulen ein hoher »Ausländeranteil« scheinbar einen solchen Bedarf signalisiert. Bei der interkulturellen Erziehung geht es in erster Linie um die bewusste Wahrnehmung und Wertschätzung von Kindern und Erwachsenen, die anders sind, die uns fremd sind. Die eigene Beziehung zum anderen, fremden Kind tritt dabei in den Vordergrund. Nicht wie das andere Kind ist, sondern wie ich das andere Kind sehe, was mich von ihm unterscheidet und was mich mit ihm verbindet, gewinnt an Bedeutung.

Wichtiger als das Planen und Organisieren von aufwendigen interkulturellen Aktionen ist es, interkulturelle Erziehung als Teil des Alltags zu verstehen. Interkulturelle Erziehung ist kein Projekt, sondern eine Haltung. Wer sie sich zu eigen macht, braucht keine großen Veranstaltungen mit besonderem Programm. Gesprächsthemen, Spiele, Bilderbücher, Lieder, Essen, Sprache, Umgangsformen und vieles mehr sind Elemente des Alltags, die im Zusammenleben ganz unspektakulär die Vielfalt der Menschen widerspiegeln können.

Interkulturelle Erziehung soll zu Hause, im Kindergarten und in der Schule kein zusätzliches anstrengendes »Stressprogramm« sein, das abgearbeitet werden muss. Interessant, spannend und anregend in den Alltag integriert, macht interkulturelle Erziehung Spaß – auch den Erwachsenen!

Prinzipien interkultureller Erziehung

Individualität

Im Mittelpunkt interkultureller Erziehung steht der Grundsatz: Jeder Mensch ist etwas Besonderes. Jedes Kind hat ein Recht darauf, in seiner

Einzigartigkeit respektiert zu werden, mit seinem Aussehen, seinen persönlichen Fähigkeiten und Erfahrungen und seiner ganz individuellen Prägung. Kinder sind verschieden und dürfen verschieden sein. In ihrer Verschiedenheit sind sie aber gleichwertig.

Wertschätzung
Jedes Kind ist willkommen und erfährt Wertschätzung all dessen, was seine besonderen, individuellen und vielfältigen Erfahrungen ausmacht. Alles, was dem Kind persönlich wichtig ist, wird ernst genommen und ausdrücklich befürwortet.

Positive Identität
Jedes Kind hat ein Recht auf die Entwicklung eines positiven Selbstbewusstseins. Dazu braucht es positive Vorbilder, ein entsprechendes Umfeld und die Unterstützung und Anregung durch Erwachsene.

Repräsentanz
Ausstattung und Alltag in Kindergarten, Schule, Hort oder Kindergruppe sind so gestaltet, dass sich jedes Kind darin wiederfindet und vertreten fühlt.

Perspektiven wechseln
Die Verschiedenartigkeit der Kinder ist kein Mangel, sondern eine Bereicherung. Sie bietet allen die Chance auf vielfältige Erfahrungen und Lernmöglichkeiten.

Gemeinsamkeiten betonen
Gemeinsamkeiten zwischen Kindern unterschiedlicher familiärer, kultureller und ethnischer Herkunft gilt es zu entdecken und zu fördern, ohne dass dabei die Unterschiede geleugnet werden.

Normalität
Die Vielfalt der Weltanschauungen und der Formen des menschlichen Zusammenlebens ohne Wertung zu vermitteln und sie gemeinsam mit den Kindern zu erfahren, lässt diese Vielfalt zu einem Stück Normalität werden.

Woher kann ich Bücher, Spiele und Lehrmaterial bekommen?

Die Suche nach Büchern und Spielmaterial in verschiedenen Sprachen ist oft schwierig. Oft sind Bücher nur in dem entsprechenden Land selbst erhältlich. Viele Stadtbüchereien sammeln jedoch bereits Titel unterschiedlicher Sprachen – Stöbern lohnt meist. Gerade in großen Städten gibt es Buchhandlungen, die sich auf bestimmte Sprachen spezialisiert haben.

Leider führen sie selten Kinderbücher. Eine Reihe von Spielen kann sprachunabhängig gespielt werden; das Kind lernt, indem dabei gesprochen wird. Gut geeignet sind Rollenspiele wie Kaufmannsladen, Post, Zoo; Memory oder Tierlotto liefern gute Gelegenheiten, den Wortschatz zu erweitern.

Bei der iaf ist eine Empfehlungsliste für Kinder- und Jugendbücher für den interkulturellen Alltag (s. S. 103) erschienen. Mit Kurzbeschreibungen werden die Bücher vorgestellt, genaue Bezugsquellen sind angegeben. Eine Kinderbuchausstellung mit dem Titel »Kommt mit ins Tausendbäumeland« kann bei der iaf Bonn ausgeliehen werden. Die iaf-Broschüre »ZusammenSpiel« stellt Bücher und Spiele vor und gibt zahlreiche Tipps zur interkulturellen Erziehung. Einen interkulturellen Kalender stellt die iaf Bonn jedes Jahr her. Kinder aus binationalen Familien stehen im Mittelpunkt, in einem Begleitheft werden Feste des Monats aus aller Welt beschrieben.

Chinesischer Federball

> Der Federball ist in China und in anderen Ländern Südostasiens ein beliebtes Spielzeug für Kleine und Große. Er wird in die Luft geworfen und mit den Füßen immer wieder hochgekickt, damit er möglichst lange oben bleibt. Einen chinesischen Federball kann man leicht selber machen, z.B. indem man vier Hühnerfedern in eine dicke Holzperle oder eine Scheibe aus festem Karton steckt.

aus: ZusammenSpiel, iaf Bonn, 1999

☺ *Interkulturelles Lernen:* Interkulturelle Erziehung sollte nicht erst erfolgen, wenn es Probleme zu bewältigen gilt. Sie ist keine sonderpädagogische Maßnahme, sondern richtet sich an alle in der multikulturellen Gesellschaft lebenden Menschen. Sie betrachtet Kinder nicht als VertreterInnen einer vermeintlichen Herkunftskultur, sondern betont, dass jedes Kind seine individuelle Familienkultur mitbringt. Didaktisches Material für Kindergärten und andere Einrichtungen soll die Lebenswelt der Kinder widerspiegeln. Geeignete Spielsachen und Bücher sind in Deutschland erst allmählich verfügbar – gezielte Suche lohnt sich.

Kinder suchen Vorbilder: Krabbelgruppen

Kinder suchen und brauchen Vorbilder, an denen sie sich orientieren können. Manchmal sind das Erwachsene, oft Kinder. Begegnungen mit anderen mehrsprachigen Kindern schaffen dafür die besten Voraussetzungen, z.B. in einer italienischen Krabbelgruppe oder einer englischsprachigen Theatergruppe. Hieran finden meist sowohl Kinder als auch Eltern Spaß. Entsprechende Adressen können Sie bei der Interessengemeinschaft mehrsprachiger Familien erhalten (siehe Adressenliste).

> In Österreich, wo unsere beiden Kinder geboren sind, besuchten wir regelmäßig eine große englischsprachige Gruppe. Die Kinder konnten sich treffen und in der Minderheitensprache miteinander reden. Es schien ihnen zu helfen, Englisch als »richtige« Sprache anzusehen – nicht nur eine, die sie mit Mama sprechen. Außerdem war es auch für mich schön, mit anderen Erwachsenen in meiner Muttersprache zu sprechen!
>
> *Terry P., Deutschland*

Bei einigen Gruppen steht das Treffen und der Kontakt der Eltern bzw. Mütter sogar im Vordergrund, und die Kleinen profitieren im »Mitnahmeeffekt«, wie bei dieser französischsprachigen Gruppe junger Mütter in Berlin:

> Unsere Gruppe zählt momentan um die fünfundzwanzig jungen Mütter und fünfunddreißig Kinder zwischen null und sechs Jahren. Manchmal gesellen sich auch die Väter zu uns. Während unserer Treffen sprechen alle Mütter Französisch; sie sind französischer, Schweizer oder deutscher Nationalität. Unsere Gruppe trifft sich einmal im Monat. Diese Treffen finden abwechselnd bei uns zu Hause statt. Im Sommer treffen wir uns oft draußen, z.B. im Zoo. Die Teilnehmerzahl variiert dabei. Entsprechend dem Alter der Kinder haben sich kleinere Untergruppen gebildet, die sich regelmäßig, wöchentlich oder monatlich, treffen. Das Ziel dieser kleinen Gruppen ist es, den Kindern altersentsprechende Anregungen zu bieten – Lieder, Reime, Basteln – und den Kindern die Möglichkeit zu geben, Freundschaften mit Altersgenossen zu schließen – natürlich alles in französischer Sprache.
>
> Uns machen die Treffen großen Spaß. Echte Freundschaften sind gewachsen, zwischen den Müttern wie zwischen den Kindern – ohne die Väter zu vergessen. Der Austausch unserer Erfahrungen, unsere Gespräche in einer freundlichen Atmosphäre helfen uns, unser Leben des Andersseins, der Mehrsprachigkeit und Multikulturalität zu schätzen. Die Gruppe hat neu ankommenden jungen Frauen die Integration

in Berlin erleichtert. Sie haben schnell Kontakt gefunden und Spielkameraden für ihre Kinder kennen gelernt. In unserem Literaturkreis teilen wir gemeinsame Hobbys und Vorlieben; unsere Kinder treffen sich in dieser Zeit auch und werden dann, falls nötig, von einem jungen französischsprachigen Mädchen betreut.

Für unsere Kinder sind die Treffen eine Möglichkeit, mit Altersgenossen Französisch zu sprechen und zu spielen – die Sprache ist so nicht nur eine Erwachsenensprache für sie. Die Größeren entwickeln Stolz auf ihre Mehrsprachigkeit.

Virginie F., Berlin, Groupe jeunes mamans

Betreuung kleiner Kinder: Tagesmütter, Krippen, Großmütter, au pairs

Kleine Kinder können sprachlich sehr von der Betreuung durch Tagesmütter, Großmütter, au pairs oder Krabbelstuben profitieren. Wichtig dabei ist, dass die Betreuungspersonen viel mit ihnen sprechen, singen und lesen. Unbedingt sollten alle zusammen arbeiten. Sprechen Sie die mehrsprachige Erziehung mit den Tagesmüttern oder ErzieherInnen ab – Großmütter und andere, auch zeitweilige Familienmitglieder, sollten das ohnehin wissen. Schön ist, wenn das Kind seine bikulturelle Identität auch in der Einrichtung oder bei der Tagesmutter zeigen kann, zum Beispiel durch mitgebrachte Musikkassetten oder Spielzeuge.

Und so können Sie als Tagesmütter, erziehende Großmütter oder andere Erziehende die Sprache des Kindes fördern:

- *Versprachlichen* Sie viel. Sagen Sie, was Sie tun: »Jetzt koche ich, schau, das ist eine Mohrrübe...«
- *Sprechen* Sie möglichst viel beim Spielen.
- *Hören* Sie dem Kind aufmerksam *zu.*
- Lassen Sie das Kind von Ihnen *lernen*, nicht umgekehrt. Benutzen Sie also nicht anderssprachige Ausdrücke, sondern lassen Sie das Kind das richtige Wort hören. Mischen Sie nicht, sondern sprechen Sie Ihre Sprache.
- *Lesen* Sie gemeinsam Bücher und sprechen Sie mit dem Kind darüber, was sie sehen.
- *Loben* Sie das Kind für seine Mehrsprachigkeit: »Toll, dass Du auch Türkisch kannst!«
- Bitten Sie das Kind *nicht um Vorführungen* (»Sag mal was auf ...«).

Übersetzen ist eine Technik, die dem Kind völlig fern ist. Akzeptieren Sie es als Teil der mehrsprachigen Erziehung, wenn Sie manchmal nicht verstehen, was das Kind mit den Eltern bespricht.

- Achten Sie darauf, dass Menschen aus dem Kulturkreis der Eltern *nicht lächerlich oder verächtlich* dargestellt werden – Lieder wie »Drei Chinesen mit dem Kontrabass« oder »Zehn kleine Negerlein« haben in keinem Kinderzimmer oder Kindergarten mehr etwas zu suchen. Eventuell können Sie die Eltern fragen, ob sie Musikkassetten mitbringen wollen, Tänze, Kinderlieder, die Sie dann gemeinsam hören können. Aber bedenken Sie: Ein Kind ist nicht der Vertreter einer bestimmten Herkunftskultur. Behandeln Sie es als Individuum – nicht jedes afrodeutsche Kind muss sich für afrikanische Rhythmen begeistern.

au pairs können eine wichtige Funktion als SprachunterstützerInnen einnehmen – jedenfalls aus der Sicht der Eltern. Einerseits ist es für eine deutsch- und spanischsprachige Familie sehr schön, ein au pair aus Südamerika zu haben, das mit den Kindern spanische Kinderlieder singt und spielt. Andererseits ist das au pair jedoch in das Land und die Familie gekommen, um die Landessprache zu lernen. Hier liegt ein Interessenkonflikt vor. Eine Lösung zu finden, ist dann einfacher,

- wenn die Gasteltern ihre *Erwartungen* von Beginn an *klar formulieren* – also bevor das au pair angekommen ist.
- wenn die Familie einen Vorschlag für eine *Regelung* anbietet, die für alle akzeptabel ist – zum Beispiel: Mit den Kindern sprich bitte Spanisch; wir Eltern sprechen mit dir Deutsch; bei Tisch sprechen wir Deutsch, damit du die Sprache lernen kannst.

Mehrsprachige Familien sollten sich gut überlegen, ob es für sie sinnvoll ist, ein au pair mit einer weiteren Sprache und geringen Kenntnissen in der Landessprache zu beschäftigen – wenn also in der deutsch-spanischen Familie ein polnisches au pair für ein Jahr arbeitet, um dann gegebenenfalls von einem russischen au pair abgelöst zu werden. Gerade bei Kinder unter fünf Jahren ist das besonders kritisch zu prüfen, da sie sich noch mitten im Spracherwerb befinden. Das sprachliche Angebot, das die Kinder auf diese Weise erleben, ist zu unübersichtlich und daher für den Spracherwerb nicht förderlich.

☺ *Weitere Personen einbeziehen:* In mehrsprachigen oder nichtlandessprachlichen Krabbelgruppen können Kinder mehrsprachige Freunde gewinnen und Vorbilder erleben. Meist macht es auch den Eltern Spaß, sich mit anderen Eltern auszutauschen. Von Tagesmüttern, erziehenden Großmüttern, Krippen, Krabbelstuben und au pairs können Kinder sprachlich sehr profitieren, wenn dort viel gesprochen, gesungen und gelesen wird. Zuweilen kann das dort regelmäßiger erfolgen als zu Hause. Wichtig ist, sich über die mehrsprachige Erziehung abzusprechen. au pairs können wertvolle Impulse für die Familie in der Nicht-Landessprache geben. In der Regel kommen sie jedoch, um die Landessprache zu lernen. Vor der Ankunft des au pairs sollten daher die gegenseitigen Erwartungen klar formuliert werden.

Das Kind kommt in den Kindergarten

Was ändert sich für Kind und Eltern?

Im Kindergarten hat das Kind zum ersten Mal regelmäßigen Kontakt mit einer Gruppe von Kindern – es sei denn, es hat bereits vorher eine Krabbelstube oder Krippe besucht. Die dortige Umgangssprache ist fast immer die Umgebungssprache. Das Kind beginnt, selbstständig Freundschaften zu schließen, es lernt täglich Neues und Faszinierendes kennen.

Die sprachliche Umgebung ändert sich völlig: Das Kind erlebt viel mehr SprecherInnen und erhält damit mehr Sprachanregungen als im Umgang mit den Familienmitgliedern zu Hause. Das Kind muss selbst sorgfältiger formulieren, was es möchte. Haben Mama oder Oma den Wunsch von den Lippen abgelesen und das von einem Lächeln begleitete »apa« gern mit einem Apfel belohnt, so wird die Erzieherin auf solche Kurzformeln wohl kaum reagieren. Diese Veränderungen bringen die Sprachentwicklung des Kindes schnell voran. Trotzdem fürchten viele Eltern den Eintritt in den Kindergarten:

> Meine Tochter ist zweieinhalb und spricht großartig Englisch und Deutsch. Ich fürchte nur, dass sich ihr Englisch verschlechtert, wenn sie eine rein deutsche Schule besucht (ich hoffe, sie bekommt einen Platz im zweisprachigen Kindergarten in Frankfurt).
>
> *Jennifer St., Frankfurt a.M.*

Mit dem Eintritt in den Kindergarten erhält das Kind sehr viel mehr Sprachanregungen in der Umgebungssprache als in der Nichtumgebungssprache. Das beeinflusst das Sprachverhalten des Kindes. Infolge der vielen wertvollen Anregungen in der Umgebungssprache entwickelt sich diese ab jetzt besonders gut. Oft wird die Umgebungssprache von nun an zur starken Sprache. Erfährt die Nichtumgebungssprache jetzt keine besondere Unterstützung, wird sie immer schwächer. Schnell macht es dem Kind dann keinen Spaß mehr, sie zu gebrauchen; es fehlen ihm zu viele Wörter und Strukturen. Das Kind wird dann lieber und häufiger die Umgebungssprache benutzen und die Nichtumgebungssprache unter Umständen sogar beinahe vergessen. Unter günstigen Voraussetzungen (Reisen, intensives Spielen u.a.) kann jedoch auch die Nichtumgebungssprache vom Kindergartenbesuch profitieren. Manchmal verbessert sich die Ausdrucksfähigkeit des Kindes auch in dieser Sprache sprunghaft und es wendet auf einmal neue Strukturen und Wörter an. Diesen Effekt nennt man »bootstrapping«. Er bedeutet, dass Fortschritte in der einen Sprache Fortschritte in der anderen nach sich ziehen können. Wie ist dies zu erklären? Im Gehirn entwickeln sich zwei Sprachen offensichtlich nicht als unabhängige Systeme. Schon Interferenzen sind dafür interessante Indizien. Auch beim bootstrapping wird angenommen, dass entdeckte Kategorien und Strukturen einer Sprache auf die andere/n angewendet werden.

Hier sprechen wir Deutsch!

Leider gibt es immer noch Kindergärten, in denen es nicht gern gesehen wird, wenn sich die Kinder in anderen Sprachen unterhalten. Die ErzieherInnen meinen dann, die Kinder könnten nicht so gut Deutsch lernen. Das ist falsch. Mit gezielten Angeboten in der Erstsprache *und* in Deutsch können die Kinder die deutsche Sprache besser lernen. Das ist jedoch von den ErzieherInnen oft nicht zu leisten. Kindergärten, in denen die Kinder zweisprachig betreut werden, werden leider immer noch viel zu wenig gefördert. In einer solchen Situation sollten Sie unbedingt den Dialog suchen. Vielleicht kann ein offenes Gespräch Bewegung in die Situation bringen. Oft fühlen sich die ErzieherInnen unsicher oder ausgeschlossen, weil sie die andere Sprache nicht verstehen. Auch fachliche Unkenntnis kann eine große Rolle spielen.

Eltern können:
- einen *Gesprächstermin* mit den ErzieherInnen vereinbaren, bei dem sie, am besten beide Elternteile, über ihre mehrsprachige Erziehung berichten.
- *Informationsmaterial*, Bücher, Material zum interkulturellen Lernen anbieten oder dem Kindergarten schenken.
- das Thema »Sprachenvielfalt im Kindergarten« mit dem *Elternbeirat* besprechen.
- *Aktivitäten* für und mit der Kindergruppe anbieten, z.B. einen Besuch zu Hause oder das Kochen eines typischen Gerichts.

Feste und Feiertage bieten eine hervorragende Chance, über die eigenen kulturellen Grenzen hinweg gemeinsam zu feiern und den Kindern damit die Vielfalt und Gleichwertigkeit der Kulturen zu vermitteln. Feste und Feiertage in vielen Ländern zeigen, dass es ganz unterschiedliche Anlässe und Arten des Feierns gibt, aber auch viele Gemeinsamkeiten. Vor allem sind Feste immer ein Gemeinschaftserlebnis, das das Gefühl der Zugehörigkeit stärkt. Die meisten Kinder sind gerne bereit, bei der Vorbereitung zu helfen. Aber das muss nicht unbedingt so sein: Nicht jedes Kind ist begeistert, wenn es als »Spezialist« für eine bestimmte Kultur oder Religion eines Landes eingestuft wird. Vielleicht weiß es gar nichts oder zu wenig darüber, oder es möchte einfach nicht im Mittelpunkt stehen.

Er/sie versteht mich nicht!

Viele Kinder, die in der Familie eine andere Sprache als die Umgebung sprechen, lernen die Umgebungssprache erst im Kindergarten. In den ersten Wochen verstehen die Kinder die ErzieherInnen nicht – und umgekehrt verstehen diese die Sprache der Kinder nicht! Alle Beteiligten fühlen sich in dieser Situation hilflos und unsicher.

Diese Starthilfen können Sie geben:

- Ein vorbereitendes Gespräch mit den ErzieherInnen hilft ihnen, sich auf die Situation einzustellen.
- Gibt es andere Kinder in der Einrichtung, die die Sprache Ihres Kindes sprechen? Können sie sich in der Anfangszeit etwas um Ihr Kind kümmern?
- Musikkassetten in Ihrer Sprache sind ein Spaß für die ganze Gruppe, und Ihr Kind erlebt Vertrautes, Bekanntes.
- Eine Wortliste kann helfen:

> Ich habe den ErzieherInnen meiner Tochter eine Liste mit den wichtigsten Wörtern in Französisch und Deutsch gegeben: Hunger, Durst, Aua, Pipi.
>
> *Nancy C., Hannover*

- Vielleicht kann Ihr Kind schon vor dem Kindergartenbesuch Kinder kennen lernen, die es dann im Kindergarten wiedertrifft, z.B. auf dem Spielplatz, in Spiel-, Schwimm- oder Gymnastikkursen im Stadtteil.

Von »Deutsch üben« halten ErzieherInnen wenig. Die beste Starthilfe ist es, wenn Ihr Kind *eine* Sprache altersgerecht beherrscht. Damit verfügt es über die optimale Grundlage für das Erlernen der Umgebungssprache.

Wie erleben ErzieherInnen Mehrsprachigkeit?

Die meisten ErzieherInnen haben keine Schwierigkeiten mit Kindern, die außer einem guten Deutsch noch eine weitere Sprache sprechen. Anders sieht es aus, wenn die Kinder wenig oder kein Deutsch sprechen.

Bei einer Fortbildung für ErzieherInnen sprachen wir über den Umgang mit Kindern, die kein Deutsch sprechen und somit die ErzieherInnen nicht verstehen konnten. Ich fragte sie: »Was erleben Sie in dieser Situation?« Als Antwort beschrifteten sie Kärtchen, auf denen wir am Ende lasen: »Ärger; Hilflosigkeit; Mitleid; Befremden; durch Nichtverstehen entstehen Missverständnisse; ich kann die Erwartungen der Kinder nicht erfüllen; ich muss Kinder als Übersetzer in Anspruch nehmen; die intensive Beschäftigung mit *einem* Kind gab ein gutes Gefühl bei mir, aber Neid bei den anderen Kolleginnen«.

Wir alle, auch die Erzieherinnen selbst, waren erstaunt, wie viele unangenehme Gefühle es bei ihnen auslöste, wenn sie die Sprache des Kindes nicht verstanden. Einige äußerten auch Unsicherheit: »Ich weiß ja gar nicht, wie es dem Kind jetzt geht, ob es sich wohlfühlt.« Das hat mich erstaunt: Dreijährige sagen nie mit Worten, wie sie sich fühlen; in ihrem Verhalten drücken sie das jedoch sehr genau aus. Wenn das Kind konzentriert spielt, so kann ich das völlig unabhängig von Sprache beobachten. Wie sich das Kind in der Gruppe fühlt, sehe ich zum Beispiel beim Essen. Sitzt es alleine? Kommuniziert es mit anderen durch Anbieten oder Tauschen von Essen, Löffel reichen? Ich sehe es beim freien Spiel: Steht es oft abseits oder spielt es mit anderen Kindern? Hat es feste Spielpartner oder wechseln sie? Mit geübtem Auge kann man schon an der Körperhaltung erkennen, wie sich ein Mensch fühlt: Geht er entspannt? Sind die Halsmuskeln locker? Sind die Arme häufig verschränkt, oder ist die Körperhaltung offen gegenüber den anderen?

Dieses Wissen ist ErzieherInnen in der Regel bekannt. Sie wenden es in ihrer Praxis häufig an. Die Unsicherheit gegenüber Kindern, die sie sprachlich nicht verstehen, scheint sich in einer Art »Blendungseffekt« zu begründen. Die *unterschiedlichen* Sprachen werden als so deutlich erlebt, dass die *gemeinsamen* Sprachen für den Moment völlig aus dem Blickfeld geraten: Körpersprache, Musik, Singen, Lachen, Weinen, Umarmen, Schlagen...

Viel Neues im Kindergarten: Im Kindergarten ergeben sich viele neue, aufregende Erfahrungen für das Kind, die meist in der Umgebungssprache erfolgen. Die Umgebungssprache entwickelt sich daher sprunghaft weiter. Unter günstigen Voraussetzungen kann das Fortschritte in der Nichtumgebungssprache nach sich ziehen *(bootstrapping).* Wird die Nichtumgebungssprache wenig gefördert, wird sie jetzt schwächer. In einigen Kindergärten werden Kinder immer noch gebeten, nur Deutsch zu sprechen. Ein klärendes Gespräch kann mehr Verständnis schaffen. Wenn Kinder die Umgebungssprache nicht sprechen, ist es sinnvoll, den Eintritt in den Kindergarten etwas vorzubereiten.

Unsere Sprachen, unsere Welten – Alltagserfahrungen

Jede Familie hat ihre eigene Sprachbiografie. Die Erfahrungen, die andere machen, müssen nicht mit Ihren eigenen übereinstimmen. Sie können Ihnen jedoch dabei helfen zu vergleichen, abzuwägen, Neues zu wagen. Lassen Sie sich inspirieren!

So war es bei uns – Eltern berichten von ihrer Erfahrung

Sprache der Spiele – Sprache der Gefühle:

> Unsere Familie lebte bis Juli 1998 in Dorset (England), danach ein Jahr lang in Bad Dürkheim und nun wieder in England. Vom Tag ihrer Geburt an habe ich mit meiner ältesten Tochter Deutsch gesprochen, gleichgültig wo wir uns befanden. Ich stieß dabei nahezu immer auf großes Verständnis. »Health visitors«, Ärzte und später Kindergärtnerinnen und Lehrer zeigten sich sehr aufgeschlossen und interessiert. Beide Kinder wussten sehr früh – ab etwa achtzehn Monaten – und scheinbar instinktiv, welche Sprache in einer jeweiligen Situation angemessen war. Allerdings blieb Deutsch lange die Sprache der stärksten Emotionen – in ihr wurde geweint und geschimpft.
>
> Als die Kinder in den Kindergarten und später in die Schule kamen, begann das Gleichgewicht der Sprachen sich langsam zu verschieben. Während vorher Deutsch die Hauptsprache untereinander gewesen war, wurde jetzt Englisch mehr und mehr zu ihrer Spielsprache. Während ich die Kinder selten direkt aufforderte, Deutsch zu sprechen, versuchte ich durch Zwischenfragen und Kommentare einen Sprachwechsel zu erreichen, was gelegentlich gelang. Extrem wichtig waren Besuche von und bei sowie Telefonate mit unseren deutschen Verwandten.
>
> Als unsere älteste Tochter sechs Monate alt war, tat ich mich mit einer anderen Deutschen und einer Österreicherin mit Kindern in ähnlichem Alter zusammen, und gemeinsam gründeten wir eine deutschsprachige Spielgruppe, die sich mindestens einmal pro Woche trifft. Inzwischen hat sie über dreißig regelmäßige Teilnehmer. Für die Kinder ist es eine wichtige Erfahrung, dass es andere wie sie gibt. Für die Mütter bildet die Gruppe über die Möglichkeit zum gemütlichen Kaffeeklatsch hinaus ein Forum für ihre Fragen und Probleme.
>
> *Anke T., Mutter*

Manchmal fühle ich mich ausgeschlossen:

In den ersten zwei bis drei Lebensjahren meiner Töchter war Deutsch ihre stärkere Sprache, da sie die meiste Zeit mit ihrer Mutter zu Hause verbrachten und nur Deutsch hörten und sprachen.

In den ersten Jahren war ihr Englisch von deutscher Wortstellung beeinflusst, und sie benutzten »englische« Wörter, die sie nach ähnlichen deutschen Wörtern bildeten. Diese Gewichtung verschob sich mit ihrem Eintritt in den Kindergarten und die Vorschule. Erlebnisse, die sie mit Englisch verbanden, erzählten sie eher auf Englisch, und Englisch wurde in zunehmendem Maße die Spielsprache der Mädchen.

Im August 1997 gingen wir für ein Jahr nach Deutschland. Annas und Julias Deutsch hat sich dabei schnell verbessert, da sie schnell Freundschaften mit ortsansässigen Kindern schlossen. Sie erzählen ihre Erlebnisse gewöhnlich auf Deutsch und wenden sich damit an ihre Mutter. Dabei fühle ich mich häufig ausgeschlossen. Ich fühle mich oft so, als wäre ich nicht genug »Experte« für viele Aspekte des Lebens in Deutschland.

Würden wir länger als nur ein Jahr in Deutschland leben, so würde ich mich darum bemühen, dass meine Kinder nicht nur mit mir Englisch sprechen – sei es durch eine englischsprachige Spielgruppe, Fernsehen oder Filme in Originalversion.

Bryan T., Vater (übersetzt aus dem Englischen)

Farsi in Deutschland – kein leichtes Unterfangen:

Wir haben Zwillinge, die im Mai 1995 geboren wurden. Unser Ziel war es durchaus, die Kinder zweisprachig zu erziehen, und die ersten eineinhalb Jahre sprach mein Mann mit den Kindern konsequent Farsi. Als sie begannen, die ersten Gegenstände zu benennen – Ball, Auto, Haus –, wussten sie in der Regel sowohl die deutsche als auch die persische Vokabel. Im Verlauf ihrer weiteren sprachlichen Entwicklung trat die persische Sprache jedoch immer stärker in den Hintergrund. Da mein Mann beruflich sehr eingespannt ist und in der Woche täglich nur etwa zwei Stunden mit den Kindern zusammen ist (Abendessen und Zubettbringen), waren die Kinder zwischenzeitlich sehr auf mich fixiert und rebellierten teilweise regelrecht, wenn er ihnen eine persische Gutenachtgeschichte vorlesen wollte. Dies war für meinen Mann recht frustrierend und bedrückend, und er ging dazu über, vorrangig Deutsch mit den Kindern zu reden. Hinzu kommt, dass wir nur wenige Kontakte zu IranerInnen pflegen.

Im letzten Jahr waren die Kinder wieder offener für die persische Sprache, doch sie beherrschen aktiv lediglich einige Substantive, während sie auf Deutsch bereits sehr komplizierte Sätze bauen. In Farsi haben sie keine Möglichkeit, ihrem Rededrang Ausdruck zu verschaffen, während ihr passiver Wortschatz offenbar größer ist und sie viele kurze Sätze in Persisch verstehen.

Auf unserer letzten Reise in den Iran sprachen die Zwillinge die ersten drei Wochen hartnäckig mit allen Kindern und Erwachsenen Deutsch. Es schien fast, als würden die persischen Cousinen und Cousins früher Deutsch verstehen lernen als die Kinder Farsi sprechen! Aber in der vierten Woche begannen die beiden, eine Vielzahl von Wörtern auszusprechen und schließlich sogar kurze Sätze zu bilden. Das war tatsächlich ein Erfolgserlebnis und Motivation für meinen Mann, zurück in Deutschland, wieder zu versuchen, mehr Farsi mit den Kindern zu sprechen.

Christine B., Hamburg

Eine deutsch-afrikanische Familie erinnert sich:

Mein Mann Mamadou kommt aus Burkina Faso, einem frankophonen Land in Westafrika. Wir waren uns von Anfang an einig, dass unsere Tochter Amelie, geboren 1994, zweisprachig Deutsch-Französisch aufwachsen soll. Sie ist inzwischen fünf Jahre alt und spricht tatsächlich beide Sprachen, wenn auch Deutsch eindeutig die dominante Sprache ist.

Für uns war es schwierig, das Prinzip »eine Person – eine Sprache« durchzuhalten, da Mamadou und ich in beiden Sprachen miteinander kommunizieren. Früher haben wir nur Französisch miteinander geredet, inzwischen spricht Mamadou auch gut Deutsch. Es ist ihm aber von Anfang an sehr schwer gefallen, konsequent Französisch mit Amelie zu reden. Da er selbst gerade dabei war, Deutsch zu lernen, hat er sich bemüht, auch zu Hause Deutsch zu sprechen. So hat er beide Sprachen mit Amelie gesprochen, je nach Situation und anwesenden Personen. Sie hat zwar Französisch immer gut verstanden, aber auf Deutsch geantwortet.

Für Amelie waren dann ihre regelmäßigen langen Aufenthalte in Burkina Faso ausschlaggebend für das Erlernen der zweiten Sprache. Da ich beruflich oft in Burkina Faso bin, war Amelie seit ihrem zweiten Lebensjahr jedes Jahr zwei bis fünf Monate mit mir in Burkina Faso und hat dort fließend Französisch und auch ein bißchen Moore gelernt.

Ulla K., Frankfurt a.M.

Eine deutsch-indonesische Familie in Indonesien über ihre Erfahrungen:

> Ich habe drei Töchter, die heute 17, 14 und 11 Jahre alt sind. Wir leben in indonesischer Umgebung, die Kinder besuchen indonesische Schulen und Freizeitvereine. Hauptsprache für die Kinder ist also Indonesisch. Deutsch sprechen alle drei nicht perfekt, aber doch so gut, dass sie sich mühelos in alltäglichen Situationen verständigen und auch etwas anspruchsvolleren Gesprächen folgen können. Dies hat sich nicht von alleine und nicht ohne Anstrengungen, besonders meinerseits und von Seiten der Kinder, so entwickelt. Es war auch kein geradliniger Prozess. Jedes Mal, wenn ich mich über einen längeren Zeitraum nicht so intensiv um die Kinder kümmern konnte, gingen die Fähigkeiten im Deutschen automatisch zurück. Alle drei Kinder hatten Phasen, in denen sie die deutsche Sprache teilweise oder völlig verweigert haben. Diese Phasen gingen wie die meisten Entwicklungsphasen vorüber. Heute sind alle drei stolz darauf, auch Deutsch zu können, sie genießen es sogar und unternehmen von sich aus Anstrengungen, ihre Sprachkenntnisse im Deutschen zu vertiefen und zu verbessern.
>
> Mein Mann und ich sprechen recht flüssig die Sprache des Partners. Das war für unsere Kinder ein Ansporn, es uns gleichzutun. Da ich in der Umgebung weit und breit die einzige Person mit deutscher Muttersprache bin, haben wir uns nicht an das Prinzip »eine Person – eine Sprache« gehalten, sondern auch mein Mann hat weitgehend Deutsch mit den Kindern gesprochen. Deutsch war und ist die Hauptsprache am Familientisch.
>
> Wir haben immer versucht, das Deutschlernen nicht zum Zwang oder zur Pflicht zu machen, und deshalb unsere Prinzipien auch nie zu starr angewendet. Auch habe ich immer versucht, in den Phasen, in denen die Kinder das Deutschsprechen völlig verweigert haben (weil sie nicht anders sein wollten als die andern, oder weil sie mich ärgern wollten, oder nur aus Bequemlichkeit), dieses Thema nicht zu einem Machtkampfthema werden zu lassen.
>
> Neben den Verweigerungsphasen gab es immer auch wieder Phasen, in denen die Kinder sich sehr intensiv mit Deutschland und der deutschen Sprache beschäftigt haben, viele Fragen gestellt, ihre deutschen Bücher aus dem Regal geholt, mir ihre Briefchen auf Deutsch geschrieben haben. Nutzt man diese Phasen durch erhöhte Aufmerksamkeit und Eingehen auf die Neugier der Kinder, so lernen sie in solchen Zeiten erstaunlich viel dazu. Meine Kinder haben auf das Angebot der zweiten Sprache sehr unterschiedlich reagiert, je nach Charakter. Die eine spricht langsam, gewählt, die andere spontan, schnell und gleichgültig gegenüber formalen Fehlern.
>
> *Maria F.-S., Indonesien*

Wenn die Wörter nicht da sind...Tunesisch/Hocharabisch und Deutsch:

Nach anfänglichen Startschwierigkeiten fing mein Mann an, mit unserem Sohn konsequent Tunesisch zu sprechen. Ganz zu Beginn stellten sich auch keine Wortprobleme ein, da der benutzte Wortschatz relativ begrenzt war. Als der Wortschatz mit zunehmendem Alter der Kinder komplizierter wurde und mein Mann zum Beispiel für verschiedene Tiere die Bezeichnung im Dialekt nicht kannte, ist er dazu übergegangen, die entsprechenden hocharabischen Wörter zu benutzen. Dies setzt jedoch seinerseits ein relativ großes Engagement voraus, da er oft selbst erst die hocharabischen Namen der Tiere nachschauen muss. Im Tunesischen wird oft jedes Tier mit Hörnern als Ziege oder Gazelle bezeichnet, selbst wenn es sich um einen Hirsch oder eine Antilope handelt. Mittlerweile versucht mein Mann, den Kindern kleine Bücher, die er ihnen auf Tunesisch nacherzählt, von Zeit zu Zeit auf Hocharabisch vorzulesen. Bis zu einem gewissen Grad akzeptieren sie es, lassen sich jedoch immer die tunesische Übersetzung nachliefern. Oder sie bitten ihn gleich, dass die Geschichte in »ihrem Arabisch« und nicht im »Arabisch der Schule« erzählt wird.

Für mich ist dieses abendliche Erzählritual sehr fruchtbar gewesen, da es mir ermöglicht hat, meinen Wortschatz enorm auszuweiten.

Susanne F., Monastir, Tunesien

Binational und einsprachig:

Unsere Tochter, heute achtzehn Jahre alt, ist einsprachig aufgewachsen. Von der Sprache ihres Vaters, Indonesisch, kennt sie drei Redewendungen, mehr nicht. Im Rückblick gibt es zwei Hauptgründe, die dazu geführt haben, dass unsere Tochter einsprachig aufgewachsen ist.

1. Nach der Geburt unserer Tochter gab es bei uns nur eine vage Idee, dass sie doch beide Sprachen lernen sollte. Wir haben dies nicht ganz bewusst entschieden und uns dies nicht als wichtige Aufgabe für die Erziehung gestellt. Wir haben uns also kaum Gedanken darüber gemacht und auch keine weiteren Informationen gesammelt, *wie* man nun ein Kind zweisprachig erzieht.

2. In unserem Studentenalltag bewegten wir uns damals in einem fast rein deutschen Umfeld, angereichert durch ein paar internationale Einsprengsel. Eine Bezugsgruppe durch Freunde und Bekannte aus dem Heimatland meines Mannes hatten wir praktisch nicht. Mein Mann hatte zum Zeitpunkt der Geburt unserer Tochter bereits zehn Jahre in Deutschland gelebt und sprach in seinem Alltag nur Deutsch. Unsere Sprache zu Hause war natürlich ebenfalls Deutsch. Auf diesem Hintergrund gab es nur sporadische Versuche des Vaters, mit dem Kind in seiner Muttersprache zu sprechen; diesen Versuchen musste

sozusagen immer die bewusste Erinnerung voraus gehen: Ach, ich soll/will ja Indonesisch mit dem Kind sprechen.
Auch weitere Kontakte zum Land oder zur Familie meines Mannes gab es damals praktisch nicht, schon allein weil eine Reise zu dritt damals unbezahlbar für uns gewesen wäre, keine weiteren Familienangehörigen in Deutschland lebten usw.

Ich selbst sprach damals überhaupt kein Indonesisch, ich habe mich jedoch bereits damals mit der Sprache beschäftigt, Sprachkurse besucht und kann heute Alltagsgesprächen einigermaßen folgen. Trauriges Ergebnis ist, dass ich zwar ein wenig Indonesisch sprechen und verstehen kann, unsere Tochter jedoch nicht. Im weiteren Verlauf haben wir immer mal wieder bedauert, dass unsere Tochter nicht die Sprache meines Mannes spricht, besonders bei den späteren Besuchen im Heimatland. Mein Bedauern bezieht sich vor allem darauf, dass sie keinen leichteren Zugang zum Land und zur Kultur der Heimat ihres Vaters hat.

Die Tatsache, dass der Vater aus Indonesien kommt, schafft nicht automatisch ein besonderes enges oder positives Verhältnis zu diesem Land und dem Kulturkreis; wenn sie zweisprachig aufgewachsen wäre, hätte sie wahrscheinlich einen anderen Bezug zum Land ihres Vaters. Da stellt sich dann schon die Frage, wie sie die Herkunft ihres Vaters und damit ihre eigene Abstammung in ihre durchaus deutsche (deutsch-internationale?) Identität integrieren kann.

Dabei gibt es allerdings gleich noch einen Aspekt: Mein Mann gehört einer Minderheit in Indonesien an. In der Familie meines Mannes wird eine weitere regionale Sprache gesprochen. Mein Mann identifiziert sich nicht unbedingt mit »Indonesien« und schon gar nicht mit dem, was als »indonesische Kultur« hier in Deutschland ankommt. Er wünscht sich allerdings durchaus, dass sich seine Tochter für sein Heimatland interessiert und vielleicht mal einen Sprachkurs macht ....

Birgit S., Frankfurt a.M.

Was Kindern daran gefällt, mehrsprachig zu sein

Geheimsprache:

Ich kann in Deutschland über andere Menschen sprechen, ohne dass sie es verstehen oder merken! Mittlerweile muss ich aber sehr aufpassen, weil immer mehr Menschen in Deutschland Spanisch können. Ich verstehe alles, was meine Mutter sagt, allerdings kann ich nicht alles auf Spanisch sagen so wie auf Deutsch. Manchmal ist es anstrengend für mich, Spanisch in Deutschland zu sprechen. In Kolumbien ist dies für mich nicht so schwer.

Wenn meine Freunde zu uns nach Hause kommen, verstehen sie nicht, was meine Mutter zu mir sagt. Früher war es mir manchmal peinlich.

Simon, 12 Jahre, Deutschland

Manchmal bin ich genervt, der Englisch-Experte zu sein:

Ich bin gerne zweisprachig, weil ich Vorteile gegenüber anderen in der Schule habe, außerdem kann ich mich mit vielen Ausländern verständigen. Was mir auf den Nerven geht, ist, dass mich meine Freunde ständig fragen, was dies und jenes bedeutet, und dass jeder von mir erwartet, dass ich gute Noten in Englisch habe. Klar habe ich ganz gute Noten, aber nicht immer die besten. Selbst englische Kinder machen manchmal Fehler.

Im Großen und Ganzen finde ich es ziemlich gut, zweisprachig zu sein, auf der anderen Seite weiß ich ja gar nicht, wie es ist, wenn man nur eine Sprache sprechen kann.

Im Englischunterricht langweile ich mich schnell. Ich bemerke natürlich die Fehler, die meine Lehrerin macht, und ich würde ihr das am liebsten sagen, oft mache ich es aber nicht, weil ich keinen Streit mit ihr möchte.

Gabriel Mr, 14 Jahre, Deutschland (übersetzt aus dem Englischen)

Ich freue mich, wenn ich anderen in Englisch helfen kann:

Ich bin zweisprachig, Englisch und Japanisch. Ich spreche zwei Sprachen, weil mein Vater Amerikaner und meine Mutter Japanerin ist. Das Gute daran ist, dass ich mehr Freunde kennen lernen kann, Amerikaner und Japaner. Sogar wenn ich Franzosen kennenlernen möchte, geht das, denn Englisch wird fast überall verstanden, daher meine ich, dass ich viel Glück habe.

Es gibt auch Nachteile – aber weniger als Vorteile. Was mir nicht gefällt, ist, wenn mich japanische Freunde bitten, Englisch zu sprechen. Ich spreche nicht gern Englisch vor meinen Freunden, das ist wie Angeben. Wenn sie mich allerdings zu den Englischhausaufgaben fragen, so macht mir das nichts aus. Ich helfe meinen Freunden gern bei der Englischhausarbeit. Ich freue mich, wenn ich denke, ich konnte ihnen helfen.

Agnes P., 11 Jahre (aus dem Englischen übersetzt)
aus: Bilingual Japan, 6/1/1997

Am Anfang war ich ein Problem für meinen Englischlehrer:

> Als Kinder haben wir zu Hause mit meiner Mutter Englisch gesprochen, manchmal auch mit meinem Vater, wir hatten viele englische Bücher und Kassetten und besuchten Verwandte in den Ferien. Mit zehneinhalb Jahren erlebte ich meine erste Englischstunde. Die ersten Tage waren interessant, aber dann wurde es mir langweilig. Bei »Englisch für Anfänger« geht es meist um den Aufbau eines Wortschatzes. Wenn der Lehrer uns nach dem Namen eines braunen Tieres fragte, fielen mir viele ein, während die ganze Klasse die Antwort rief, weil sie nur das eine gelernt hatten. Ich musste mir dauernd merken, welche Wörter die Klasse kannte, welche Zeiten sie gelernt hatte und was der Lehrer hören wollte. Wenn ich etwas anderes sagte, ergab sich eine verrückte Situation. Ich war offensichtlich ein Problem für den Lehrer, der mich oft von Klassenspielen ausschloss, weil meine Seite oder Gruppe jedes Mal gewann. Später wurde es besser, weil sich die Klasse besser ausdrücken konnte, aber es war ein langsamer Prozess. Du musst so vorsichtig sein, um nicht arrogant zu wirken, wenn dein Lehrer weniger weiß als du.
>
> *aus: The Bilingual Family Newsletter, 16/1, 1999, Clevedon, England (übersetzt aus dem Englischen)*

Rückblick: Wie erleben junge Erwachsene ihre mehrsprachige Erziehung?

Die Sprachen sind Teil meiner trinationalen Identität

Meine mehrsprachige Erziehung war für mich selbstverständlich und ich bin dankbar, dass meine Mutter, eine Französin, mutig genug war, diesen Schritt zu wagen. Es ist mir wichtig zu betonen, dass ich nie Angst hatte, Fehler in einer Sprache zu begehen, ein hilfreicher Umstand auch beim Erlernen von Englisch in der Schule, und dass dieser zwanglose Umgang mit Sprache bei mir nie zu Frustrationen oder Desinteresse geführt hat. Doch diese Sprachen bedeuten nicht nur ein reiches Mittel der Kommunikation oder einen gut bezahlten Messejob bekommen zu können. Sie sind Teil und vor allem Wurzel meiner bi- bzw. trinationalen Identität. Ich weiß nicht genau, wie es ist, in Italien oder Frankreich zu leben und ich weiß nicht, ob ich dies jemals erfahren werde. Was ich aber weiß bzw. erfahren kann, ist das, was die dort lebenden Menschen denken, fühlen und leben – also ihre Kultur. Zu dieser finde ich primär durch die Sprache Zugang und kann somit aktiv an ihr teilnehmen. Natürlich musste ich Psychologen und Pädagogen besonders intelligente Fragen beantworten, wie zum Beispiel: »Wirst du nicht schizophren bei all diesen Sprachen?«, oder aber auch: »Hast du nicht ständig Identitätskrisen?« Ganz im Gegenteil, kann ich dazu nur sagen! Man muss sich leider darüber bewusst sein, dass das Fassungs- und Vorstellungsvermögen einiger Mitmenschen leider immer noch überfordert ist, wenn ein junges Kind mehr Sprachen spricht, denkt und träumt als sie selbst.

Laetitia C., 21 Jahre, Hannover

Meine frühen Perschischkenntnisse kann ich nicht mehr ausgraben

Ich bin meine ersten fünf Lebensjahre zweisprachig erzogen worden. Dann habe ich meinen Vater, der Iraner ist, ungefähr ein dreiviertel Jahr nicht gesehen und bin vom Iran nach Deutschland gezogen. Mein Vater ist etwas später zu uns nachgezogen. In der Zeit habe ich meine Persischkenntnisse vergessen, was ich sehr bedaure. Mein Vater hat später versucht, wieder mit mir Persisch zu sprechen, aber ich habe immer Deutsch geantwortet, was ihn so frustriert hat, dass er mit mir nur noch Deutsch gesprochen hat. Nach fünfzehn Jahren habe ich mehrere Persischkurse besucht, aber es ist sehr mühselig und frustrierend – ich spreche mit einem stark deutschen Akzent. Ich kann meine Persischkenntnisse der frühen Kindheit nicht mehr ausgraben. Leider!

Mitra M., 25, Deutschland

Anhang

Literaturhinweise

*Die mit * gekennzeichneten Titel sind nicht mehr im Buchhandel erhältlich und können in Bibliotheken eingesehen werden.*

Karin Afshar, *Zweisprachigkeit oder Zweitsprachigkeit? Zur Entwicklung einer schwachen Sprache in der deutsch-persischen Familienkommunikation.* Münster 1998.

Leonore Arnberg: Raising Children Bilingually: The Preschool Years. Clevedon 1987.

Colin Baker, *A Parents' and Teachers' Guide to Bilingualism,* Clevedon, England, 1995 (erhältlich bei Multilingual Matters, Adresse s. Adressenteil)

Karl C. Diller, *»Kompositionelle« und »koordinierte« Zweisprachigkeit: ein begriffliches Artefakt,* in: J. Raith (Hrsg.): *Grundlagen der Mehrsprachigkeitsforschung, Stuttgart 1986.*

W.E. Fthenakis, A. Sonner, R. Thurl, W. Walbiner*: Bilingual-bikulturelle Entwicklung des Kindes.* Ein Handbuch für Psychologen, Pädagogen und Linguisten. München 1985.

Edith Harding, Philip Riley, *The Bilingual Family: A Handbook för Parents*, Cambridge University Press/Klett 1986

Bernd Kielhöfer/Sylvie Jonekeit, *Zweisprachige Kindererziehung*, 1983/91

John MacNamara, *Bilingualismus und Denken*, in: J. Raith (Hrsg.): *Grundlagen der Mehrsprachigkeitsforschung*, Stuttgart 1986.

Susanne Mahlstedt, *Zweisprachigkeitserziehung in gemischtsprachigen Familien: eine Analyse der erfolgsbedingenden Merkmale,* Frankfurt M. 1996.

Donald Porsché, *Die Zweisprachigkeit während des primären Spracherwerbs,* 1983*

Joachim Raith (Hrsg.): *Grundlagen der Mehrsprachigkeitsforschung*. Forschungsrahmen, Konzepte, Beschreibungsprobleme, Fallstudien. Stuttgart 1986.

J. Ronjat, *Le développement du langage observé chez un enfant bilingue,* Paris 1913.

George Saunders, *Bilingual Children: From Birth to Teens*, Clevedon/ England 1988*

T. Skutnabb-Kangas & Toukomaa, P., *Teaching Migrant Children's Other Tongue And Learning the Language of the Host Country in the Context of Sociocultural Situation of the Migrant Family.* Helsinki: The Finnish National Commission for UNESCO 1976.

T. Skutnabb-Kangas, *Bilingualism, Semilingualism and School Achievement.* In: Linguistische Berichte 45, S. 55-64, 1976.

Rosemarie Tracy, *Sprachliche Strukturentwicklung: linguistische und kognitionspsychologische Aspekte einer Theorie des Erstspracherwerbs.* Tübingen 1991.

Wendlandt, Wolfgang, *Sprachstörungen im Kindesalter: Materialien zur Früherkennung und Beratung,* Stuttgart 2000.

Renate Zangl, *Dynamische Muster in der sprachlichen Ontogenese,* Tübingen 1998.

Zeitschriften zur Mehrsprachigkeit:
The Bilingual Family Newsletter, Multilingual Matters, Frankfurt Lodge, Clevedon Hall, Victoria Rd, Clevedon, England, BS21 7HH.

Polyglott, Interessengemeinschaft mehrsprachiger Familien, Benzstr. 17, 64546 Mörfelden

Interkulturelles Lernen

Interkultureller Kalender, iaf Bonn, jährlich. Bezugsquelle: iaf-Bundesgeschäftsstelle oder örtliche iaf-Gruppen

Kinder-und Jugendbücher aus ***einer*** *Welt.* Empfehlungen für den interkulturellen Alltag. Broschüre mit Kurzdarstellungen. iaf Bremen 1998. Bezugsquelle: iaf-Bundesgeschäftsstelle oder örtliche iaf-Gruppen

Kommt mit ins Tausendbäumeland. Multikulturelle Kinderbücher. Broschüre mit Kurzdarstellungen und Ausstellungsmaterial, iaf Bonn 1996.

Die Broschüre kann bei der iaf Bundesgeschäftsstelle oder den örtlichen iaf-Gruppen bestellt werden. Anfragen bezüglich der Ausstellung richten Sie bitte an die iaf Bonn, Breite Str. 16, 53111 Bonn, Tel.: 0228-65 55 70-71.

ZusammenSpiel. Spiele, Bücher und Tips zur interkulturellen Erziehung. Broschüre. iaf Bonn 1999. Bezugsquelle: iaf-Bundesgeschäftsstelle oder örtliche iaf-Gruppen.

Die Borschüre *ZusammenSpiel* ist Grundlage des Kapitels »Interkulturelles Lernen« (S. 81-84).

Adressen

Interessengemeinschaften:

Verband binationaler Familien und Partnerschaften, iaf e.V.
Ludolfusstr. 2-4
60487 Frankfurt M.
Tel.: 069-71 37 56-0
Fax : 069-707 50 92
http://www.verband-binationaler.de
e-mail: verband-binationaler@t-online.de

Die örtlichen iaf-Zentren und iaf-Gruppen können bei der Bundesgeschäftsstelle erfragt werden.

Interessengemeinschaft Deutschsprachiger im Ausland IDA
http://www.pcpublishing.com/ida/

Interessengemeinschaft mehrsprachiger Familien e.V., ImF
Benzstr. 17
64546 Mörfelden
e-mail: Marina.Zvetina@rhein-main.net

Bereich Sprache

Hamburger Zentrum für Mehrsprachigkeit (HAZEMS)
Romanisches Institut
Universität Hamburg
Von–Melle–Park 6
20146 Hamburg

Das HAZEMS bietet telefonische Beratung an:
Mittwochs von 11 bis 12 Uhr, Tel.: 040/42838-6886

Multilingual Matters
Frankfurt Lodge, Clevedon Hall, Victoria Rd, Clevedon, England, BS21 7HH, Tel.: +44-1275-876579, Fax +44-1275-343096,
e-mail: marjukka@multilingual-matters.com

http://www.multilingual-matters.com
Multilingual Matters ist ein Verlag, der sich hauptsächlich mit Mehrsprachigkeit beschäftigt. Er gibt auch die Publikation »The Bilingual Family Newsletter« (in englischer Sprache) heraus. Familien finden dort viele Anregungen für die mehrsprachige Erziehung. Zuschriften und Anfragen an die Redaktion sind willkommen.

Deutsche Auslandsschulen

Es gibt eine Vielzahl deutschsprachiger Schulen außerhalb des deutschen Sprachgebietes. Zum Teil handelt es sich um Deutsche Auslandsschulen, die mit dem Deutschen Auswärtigen Amt zusammenarbeiten. Eine Liste der deutschen Auslandsschulen und weiteren Informationen kann im Internet abgerufen werden unter der Adresse: http://www.auslandsschulen.de

Elternbund Hessen
Postfach 18 01 64
60082 Frankfurt M.

Oeder Weg 56
60316 Frankfurt (Besuchsadresse)
Tel.: 069-55 38 79, Fax 069-596 26 95
e-mail: elternbund@t-online.de

Binationaler Alltag

Sabine Kriechhammer-Yagmur/Doris Pfeiffer-Pandey/
Katrin Saage-Fain/Hiltrud Stöcker-Zafari

Binationaler Alltag in Deutschland

Ratgeber für Ausländerrecht, Familienrecht
und interkulturelles Zusammenleben
Herausgegeben vom Verband binationaler Familien
und Partnerschaften, iaf e.V.
5. völlig überarb. Neuaufl., 248 S., vierf. Pb., illustr.
ISBN 3-86099-187-6

Der einzige im deutschsprachigen Raum lieferbare Ratgeber für binationale Partnerschaften und Familien. Bundesweit bewährt in der alltäglichen Beratungsarbeit der iaf, informativ, verständlich geschrieben und mit anschaulichen Beispielen versehen. Die aktuelle Auflage berücksichtigt das neue Kindschaftsrecht und das Eheschließungsrecht, sowie das inzwischen in Kraft getretene geänderte Staatsangehörigkeitsrecht.

Für den binationalen Alltag enthält das Buch wichtige Informationen aus den Bereichen Eheschließung, Trennung und Scheidung, Aufenthalt, Staatsangehörigkeit, Kinder und Jugendliche, Sozialleistungen, Wehrpflicht, Wohnen, Arbeiten und Studieren sowie Auswanderung.

»Der Ratgeber bietet Hilfe bei der Überwindung rechtlicher und gesellschaftlicher Hürden im binationalen Zusammenleben.« ***(taz)***

»...informiert kompetent und verständlich über die Gesamtheit der Thematik...« ***(LISTEN)***

Brandes & Apsel Verlag, Scheidswaldstr. 33, D-60385 Frankfurt/M.
Fax 069/95730187, e-mail: brandes-apsel@t-online.de

Verband binationaler Familien und Partnerschaften, iaf e.V. (Hrsg.)

WESTAFRIKA
INFORMATIONEN FÜR BINATIONALE PAARE

Ein Ratgeber. Burkina Faso, Elfenbeinküste, Gambia, Ghana, Nigeria, Senegal, Togo
168 S., vierf. Pb. mit Fotos
ISBN 3-86099-208-2

Das Buch bietet wichtige Informationen und lebendige Erfahrungsberichte rund um das bikulturelle Zusammenleben in Deutschland und Westafrika.

Der interkulturelle Alltag wird in seinen verschiedenen Facetten beleuchtet: das binationale Familienleben mit seinen rechtlichen Besonderheiten, Erfahrungen mit Rassismus oder die Situation afrodeutscher Kinder sind dabei wichtige Aspekte. In Deutschland lebende Afrikaner kommen ebenso zu Wort wie binationale und andere interkulturelle Grenzgänger.

Am Beispiel mehrerer westafrikanischer Staaten werden landes-kundliche und soziokulturelle Hintergrundinformationen geliefert, die auch für Besuche und längere Aufenthalte in Westafrika nützlich sind.

Ein Buch, das wertvolle Informationen liefert und zu einem selbstbewussten und lustvollen Umgang mit der bikulturellen Lebenssituation ermuntert.

Bitte fordern Sie auch unser kostenloses Gesamtverzeichnis an:

BRANDES & APSEL VERLAG
Scheidswaldstr. 33
D-60385 Frankfurt am Main
Fax 069/957 301 87
E-Mail: brandes-apsel@t-online.de
www.brandes-apsel-verlag.de

NEU

TÜRKEI
INFORMATIONEN FÜR BINATIONALE PAARE

Ein Ratgeber. 120 S., vierf. Pb.
ISBN 3-86099-233-3

In Deutschland gibt es ungefähr 100.000 binationale deutsch-türkische Ehepaare, wieviele Frauen und Männer ohne Trauschein eine deutsch-türkische Beziehung leben, kann nur geschätzt werden.

In der Türkei sind die deutschen Frauen die größte Gruppe der mit türkischen Männern verheirateten Ausländerinnen.

Für all diese Menschen bietet dieser Ratgeber wertvolle Informationen zum bikulturellen Leben. Er verbindet persönliche Erlebnisse mit sachdienlichen und landeskundlichen Informationen. Er enthält einen ausführlichen juristischen Teil, insbesondere beantwortet er Fragen zur Eheschließung im türkischen und deutschen Recht, gibt Erläuterungen zu Fragen der islamischen Kultur, zu Männer- und Frauenrollen, zum Familienleben, zur Sozialversicherung, zur Kindererziehung und zum Schulsystem in der Türkei.

Brandes & Apsel

Thomas Usleber

Die Farben unter meiner Haut

NEU

Autobiographische Aufzeichnungen

144 S., vierf. Pb., ISBN 3-86099-488-3

»Mein Äußeres ist braun – man nennt es manchmal schwarz und manchmal farbig –, doch mein Inneres ist viel bunter. Da lebt das Deutsche, Afrikanische und Indianische, da sind meine Erfahrungen und mein Wissen wie lebendige Muster eingraviert. Unter meiner Haut sind weitaus mehr Farben. Unter meiner Haut schillert ein Regenbogen.«

Das Buch zeigt, wie wichtig Erwartungen und Meinungen für die Wahrnehmung anderer Menschen sind. Woran versteckter Rassismus, aber auch Toleranz zu erkennen ist. Und dass Integration, so Usleber, nicht nur eine einseitige Aufgabe ist: »Wichtig ist auch, dass die Deutschen ihren Teil zur Integration beitragen.«

Farideh Akashe-Böhme

In geteilten Welten

Fremdheitserfahrungen zwischen Migration und Partizipation

160 S., vierf. Pb., ISBN 3-86099-202-3

Akashe-Böhm zeigt, weshalb Deutschland sich in einer »unvollständigen Demokratie« eingerichtet hat und mahnt Partizipationschancen für Migrant/innen an. Ein Anstoß zur Debatte um die Einwanderungsgesetze und die Integration von Fremden.

Farideh Akashe-Böhme

Die Burg von Chah Barrdi

Von Persien nach Deutschland – die Geschichte einer Kindheit und Jugend

168 S., vierf. Hardcover, ISBN 3-86099-193-0

Das berührende Portrait einer widerständigen jungen Frau. »Ein autobiographischer Bericht: Jugend, wehmütig entzaubert.« *(Darmstädter Echo)*

»Mit Koffern voller Träume...«

Ältere Migrantinnen und Migranten erzählen

Herausgegeben vom Amt für multikulturelle Angelegenheiten Frankfurt am Main

176 S., vierf. Pb. mit Fotos, ISBN 3-86099-207-4

Ältere Migrantinnen und Migranten, die vor Jahrzehnten als »Gastarbeiter« nach Deutschland kamen, erzählen in diesem Buch aus ihrem Leben. Sie berichten, wie es war, als sie von zu Hause weggingen, um für einige Zeit in der Fremde zu arbeiten, und wie es kam, daß sie hier blieben und wie sie sich heute fühlen.